KB120028

나는

행복한 퇴사를

준비 중입니다

나는 행복한 퇴사를 준비 중입니다

초 판 1쇄 2018년 11월 27일

지은이 이필주
펴낸이 류종렬

펴낸곳 미다스북스
총　괄 명상완
에디터 이다경

등록 2001년 3월 21일 제2001-000040호
주소 서울시 마포구 양화로 133 서교타워 711호
전화 02) 322-7802~3
팩스 02) 6007-1845
블로그 http://blog.naver.com/midasbooks
전자주소 midasbooks@hanmail.net
페이스북 https://www.facebook.com/midasbooks425

© 이필주, 미다스북스 2018, *Printed in Korea*.

ISBN 978-89-6637-625-4 03190

값 15,000원

※ 파본은 본사나 구입하신 서점에서 교환해드립니다.
※ 이 책에 실린 모든 콘텐츠는 미다스북스가 저작권자와의 계약에 따라 발행한 것이므로 인용하시거나 참고하실 경우 반드시 본사의 허락을 받으셔야 합니다.

미다스북스는 다음세대에게 필요한 지혜와 교양을 생각합니다.

Master Plan For Your Life

나는 행복한 퇴사를 준비 중입니다

이필주 지음

미다스북스

| 프롤로그 |

퇴사 준비, 3년도 짧은 이유

나는 평범한 직장인이다.

올해 나이 마흔. 나는 10년 차 평범한 직장인이다.

10년 전 나는 여느 직장인들처럼 소위 '임원'이라는 별을 따고 싶은 마음으로 사회생활을 시작했다. 입사 후 한마디로 미친 듯이 일했다. 그래야만 하는 줄 알았고, 그래야만 살아남을 수 있었다. 나는 누구보다 일찍 출근했고, 누구보다 늦게 퇴근했다.

아침에 눈을 뜨면 회사로 달려갔다. 야근하고 지친 몸을 이끌고 집으로 돌아오는 삶이 너무나 당연했다. 연말에 받는 인사고과 점수는 곧 내 인생의 점수가 되어버렸다. 점수가 낮으면 '나'라는 사람 자체에 대한 회의와 불신에 시달렸다. 나는 스스로를 자책하며 더욱 회사 생활에 매달렸다. 하지만 그러면 그럴수록 불안감은 커져갔다. 이런 직장인의 삶은 언젠가는 '끝, 종착점'이 있기에 허무함마저 더해졌다.

퇴사는 누구에게나 찾아온다

100세 시대, 평생직장의 개념이 사라진 지 오래다. 누구나 한평생 살면서 2번째, 3번째 직업을 갖는 게 당연해지는 시대가 되었다. 그런 의미에서 퇴사는 누구에게나 찾아오는 자연스러운 삶의 수순이 되어가고 있다.

나로 하여금 퇴사 준비를 하도록 마음을 부채질한 장본인이

둘 있다. 먼저, 만인의 롤모델이었던 능력남 K부장. 어느 시점에 당연히 임원이 될 줄 알았던 그가 한순간에 직장에서 퇴출되어버렸다. 나는 이를 보며 회사를 사랑하는 것이 얼마나 무서운 일인가를 깨달았다. 그때부터 나는 '퇴사', 즉 회사 밖의 삶을 꿈꾸기 시작했다.

그로부터 얼마 후,

우연인지 나의 퇴사 훈련을 위한 필연인지 회사 밖의 삶을 꿈꾸던 능력녀 P가 큰소리 뻥뻥 치며 퇴사한 지 3년이 되던 해에 보기 좋게 쫄딱 망해서 다시 회사원의 삶으로 돌아왔다는 이야기를 전해 들었다.

이 두 사건 이후 나는 회사를 다니면서 '퇴사 연습'을 하기로 결심했다. 제 아무리 날고 기는 회사 루키였다 해도 준비 안 된 회사 밖의 새 출발은 재앙이기 때문이다. 회사가 전쟁터라면 회사 밖은 지옥일 수 있다.

일단 시작해보자, 퇴사 준비!

나는 회사를 다니면서 수많은 도전을 통해 퇴사 훈련 중이다. 나는 회사 안에서 이 과장으로 불리지만, 회사 밖에서는 사장님, 컨설턴트, 작가, 투자가 등 다양한 호칭으로 불린다. 회사 안에서의 명함은 한 장이지만, 회사 밖의 명함은 여러 장이다. '이 과장'은 아무리 열심히 일해도 수입에 큰 변화가 없지만, 회사를 벗어나면 일한 만큼 수입이 생긴다.

수 년 전 나는 떡볶이집을 차려 연 매출 5억 원을 달성한 경험이 있다. 나만의 지식 창업을 통해 강의만으로도 평생 먹고살 수 있는 능력을 갖추었다. 쓸모없는 배움은 없다는 믿음으로 공부를 하다 보니 어느새 석사 학위를 두 개나 취득하게 되었다. 꾸준히 해온 부동산 공부를 통해 단기간에 200% 수익을 얻기도 했다. 마케팅 전문가로 신입 사원에게 마케팅을 가르치기도 한다. 현재는 책 출간을 통해 작가이자 퇴사 후 '1인 기업가' 되기에 도전하고 있다.

나는 이러한 퇴사 훈련을 통해서 준비 없는 퇴사가 얼마나 위험한지, 또 회사 밖은 얼마나 치열한지를 몸소 경험하고 있다. '퇴사 광풍'이 불면서 젊은 나이에 잘 다니던 회사를 박차고 나오는 사례도 적지 않다. 하지만 막상 퇴사가 현실이 되면 예상치도 못했던 난관에 쉽게 좌절하고 시행착오를 거듭하는 모습을 보면서 퇴사는 입사보다 더 체계적이고 알차게 준비해야 한다는 확신을 갖게 되었다.

나는 달라졌다

그런데 신기하고 재미있는 점은 퇴사 훈련을 시작하면서 오히려 회사에서 인정받기 시작했다는 사실이다. 곰곰이 그 이유를 생각해보니 아무래도 회사를 과감하게 다니기 시작해서인 듯하다. '언젠가 나갈 곳'이라는 마음이 생기자 직장 상사 눈치나 연말 평가를 신경 쓰지 않게 되었다. 업무 지시를 받으면 내 생각을 과감하게 말했고, 이에 따른 행동을 뒷받침하여 보여줬다. '회사 밖 생활'을 경험하다 보니 종업원 마인드가 아니라 사장 마인드로 일하게 되었다. 비효율적이고 반복되는 업무보다는 창의적이고 능동적인 업무를 찾기 시작했다. 이러한 변화는 곧 회사 내에서의 성과로 드러났고, 나는 오히려 전보다 훨씬 더 회사에서 인정받기 시작했다.

회사를 스스로 나가야 한다고 생각하니 오히려 마음이 편안해졌다. 당연하게 받던 회사 월급 역시 전혀 당연한 게 아니란 생각이 들었다. 매달 들어오는 월급에 새삼 감사함이 느껴지기 시작했다. 회사 동료를 적이나 경쟁자가 아닌 퇴사 후 동반자 혹은 협력자로 인식하면서 인간관계 역시 눈에 띄게 좋아졌다. 내겐 기적 같은 순간의 연속이었다.

가장 중요하고 극적인 변화는 내가 시간의 소중함을 절실히 깨닫게 되었다는 점이다. 퇴사 훈련을 통해 처음으로 나 자신과 내 삶을 진지하고 깊이 있게 돌이켜볼 수 있었다.

내가 누구인지, 20년 후 미래는 어떤 모습일지를 꿈꾸기 시작했다. 그건 이 과장에서 이 차장, 이 부장만 생각하던 시절과는 극과 극으로 달라진 변화였다. 이렇게 나는 모든 점에서 달라지기 시작했다.

당신의 마지막 출근 날은 어떤 모습일까?

나의 마지막 출근 날을 상상해본다.

마지막으로 회사에 출근하는 날, 후배들은 나를 어떻게 바라볼까? 과거 내가 퇴사하는 선배들을 바라본 것처럼, 퇴출되는 퇴물 취급을 받고 싶지는 않다. 철저한 퇴사 준비만 마친다면 나는 내 마지막 출근 날이 전혀 두렵지 않다. 아니 오히려 설렘으로 기다려진다. 나는 지난 10년 동안 회사를 다니면서 크고 작은 도전과 실패를 겪었고 나만의 퇴사 훈련을 통해 공부해야 할 인생 기술을 배우게 되었다.

우리는 퇴사라는 단어를 앞에 놓고 냉정하게 자신을 바라봐야 한다. 퇴사 후 한 달에 얼마를 벌 수 있는가에 대해 솔직하고 진지하게 고민하고 계산을 두드려봐야 한다. 이건 친한 친구나 동료도 대신 고민해줄 수 있는 문제가 아니다.

"그래서? 너 퇴사 후에 스스로 얼마나 벌 수 있는데?"

이렇게 진지하게 물어보면서 길을 모색해줄 수 있는 사람은 단 한 명도 없다. 우리 사회에서는 아직도 '돈'과 '숫자'를 언급하는 것을 금기시하는 경향이 있다. 그건 스스로에게도 마찬가지인 것 같다. 자신을 과대평가하지도 과소평가하지도 말고 아주 객관적인 시각으로 능력을 계산해보라.

질문을 던져보자!

"당장 세상에 홀로 덩그러니 남겨졌을 때 당신은 한 달에 200만 원을 꼬박꼬박 벌 수 있는가?"

“당연히 나는 그 정도는 벌 수 있을 것 같다.”

이런 대답이 나오는가? 더 나아가,

“나는 이러이러한 경로와 저러저러한 방법을 통해 200만 원 이상 확실히 벌 수 있다!”

하는 정도가 되어야 한다.

회사에 꼬박꼬박 출근하는 것이 나의 미래를 위한 준비라고 생각하지 말아야 한다. 그건 수백만 직장인 모두가 매일 치르는 전쟁에 불과하다. 우리에게는 회사가 기대하는 삶 말고, 우리 자신이 기대하는 삶을 위한 준비가 반드시 필요하다.

이 책은 내가 직장 생활하면서 도전한 퇴사 훈련기다

나는 내가 직장을 다니며 실제로 도전하고 경험한 것들만 쓰려고 노력했다. 내 주위에서 퇴사에 도전한 사람들의 이야기를 썼다. 평범한 직장인이 써 내려간 퇴사 도전기. 분명 작은 성공도 있고 큰 실패도 있다. 이도 저도 아니고 시행착오만 겪은 일도 허다하다. 하지만 성공이냐 실패냐가 중요하기보다는 이러한 도전 과정 속에서 조금씩 변화되는 내 모습을 보여주고 싶었다.

많은 직장인들에게 퇴사는 막막하고 두려운 단어이다. 그것은 누구나 느끼는 것이다. 이러한 두려움을 극복할 수 있는 유일무이한 무기는 '자신만의 능력'을 키우는 것밖에 없다. 냉정하지만 현실이 그렇다.

그래서 나는 이 책을 통해 회사가 우리 인생을 영원히 지켜줄 것이라 믿고 살아가는 직장인들에게 회사는 절대 그럴 수 없다는 것을 알려주고 싶었다. 또한 직장 생활이 힘들다는 이유만으로, 나가면 뭐라도 해 먹고살 수 있을 것 같다는 막연한 꿈으로 준비 없이 퇴사하는 많은 이들에게 이 같은 선택이 얼마나 위험한 것인지 알려주고 싶었다.

그래서 나는 반드시 회사를 다니면서 제2의 인생을 위해 도전하라고 말해주고 싶다. 내가 겪으면서 경험한 것들을 공유하고 나만의 퇴사 준비 노하우를 알려주며 본인 스스로 어떤 인생을 살아갈 것인가 고민하라고 말해주고 싶다.

기억하라. 반드시. 사원부터 임원까지 누구에게나 마지막 출근 날은 있다는 사실을.

퇴사 지수 체크리스트

당신은 지금 퇴사를 꿈꾸고 있는가?

아래 항목 중에 5개 이상 해당되는 사람이라면 당신은 이미 현재 심각하게 퇴사를 고민 중이거나 곧 퇴사할 사람이다. 5개 항목 이상 해당되는 분들은 시간을 두고 자신을 되돌아볼 필요가 있다.

- ☐ 회사에서 아무리 열심히 일을 해도 부자가 될 수 없다는 것을 알게 되었다.
- ☐ 회사에 의존하지 않고 내가 스스로 먹고사는 법에 대해서 관심을 가지게 되었다.
- ☐ 내 자식들은 나와 같은 회사원으로 늙어가지 않길 바라게 되었다.
- ☐ 향후 5년간 일이 과중되고 발전적이지 않은 이러한 상황이 바뀔 것 같지 않다.

- [ ] 회사에서 오늘 일을 대충 해도 월급은 나온다는 생각을 가지게 되었다.
- [ ] 획일적인 근무 시간 자체에 거부감이 든다.
- [ ] 회사가 평생 나를 지켜주지 못할 것이라는 두려움을 가지게 되었다.
- [ ] 새벽 시간이나 늦은 저녁이 되어야 창의성과 생산성이 배가되는 스타일이다.
- [ ] '내가 사장이라면 이렇게 안 할 텐데.'라는 생각을 자주 갖는다.
- [ ] 회사는 돈 받고 일 배우는 실전 학교라고 여긴다.
- [ ] 업무와 관련된 문제에 덜 집중한다.
- [ ] 조직의 목표에 대한 열정을 잃었다.
- [ ] 회사 밖에서 성공할 수 있다는 생각을 가지게 되었다.
- [ ] 자영업 및 창업에 대해서 관심을 가지게 되었다.
- [ ] '회사가 내 길이 맞을까?'라는 고민을 해본 적이 있다.

| 차 례 |

2장 퇴사에 필요한 4가지 인생 기술

3장 성공적인 퇴사를 위해 '이렇게까지' 하라

4장 퇴사를 꿈꾼다면 지금 찾아라

5장 오늘도 퇴사 훈련은 계속되어야 한다

Master Plan For Your Life

1장

퇴사 훈련은 이렇게 시작되었다

- True Relationship
- Mind Control
- Time Management
- Cash Balance

1. 회사는 내 인생의 전부였다

취직해보니까 말이야,

성공이 아니고, 문을 하나 연 느낌이더라고.

어쩌면 우리는 성공과 실패가 아니라,

죽을 때까지 다가오는 문만 열어가며 살아가는 게

아닐까 싶어.

– 드라마 〈미생〉

10년 전 대학을 졸업하고 소위 말하는 대기업에 입사했다. 최종 입사 통지서를 받은 자랑스러운 아들을 바라보며 기뻐하셨던 부모님 모습이 아직도 생생하다. 그때는 나도 세상을 다 얻은 것 같았다. 세상의 중심에 우뚝 서서 모든 게 나를 중심으로 도는 것처럼 느껴졌다.

입사 후 나는 한마디로 미친 듯이 일했다. 그래야만 하는 줄 알았고, 또 그래야만 살아남을 수 있었다. 나는 누구보다 일찍 출근했고, 누구보다 늦게 퇴근했다. 회식 자리에서는 분위기를 주도하며 상사 눈치 보기에 바빴다.

나의 목표는 딱 하나, 소위 '별임원'을 따는 것이었다. 가끔 지칠 때마다 회사에서 지급한 고급 승용차를 타고 출근길에 오른 임원들을 바라보며 나도 언젠가는 저렇게 될 수 있으리라 믿었다. 그러면서 내 자신을 더욱 채찍질했다. 이러한 모습 덕에 나는 입사 첫해부터 인사 고과 최고 점수를 받았다. 내 회사 생활은 그렇게 해피엔딩으로 끝나는 듯 보였다. 최소한 내가 K부장을 만나기 전까지 말이다.

K부장은 회사에서 나의 롤모델이었다. 아니, 나만이 아니라 어쩌면 모든 사원들의 롤모델이었을 수도 있다. 그는 누구보다 회사를 사랑했다. 함께한 술자리에서의 대화 주제마저 회사, 회

사, 회사가 전부였다. 물론 그는 주말에도 반드시 출근을 했다. 이런 그의 태도에 회사도 그에게 보답해주고 있었다. 회사는 그에게 미국으로 대학원을 보내주었다. 복귀 후 그는 또래 동료보다도 2년 먼저 진급했다. 그리고 마침내 그는 수많은 선배들을 제치고 최연소 팀장 자리까지 차지했다. 이른바 곧 별을 딸 것처럼 보였다. 그는 승승장구하며 모든 이의 부러움을 한몸에 받았다.

그는 나와 함께한 술자리에서 임원이 될 거라고 호언장담했다. 그리고는 나에게도 너의 미래는 회사가 책임져줄 것이라고 말했다. 단, 회사에 목숨을 바칠 각오로 임한다면 말이다. 나는 그의 말을 믿었기에 그에게 충성을 다했다. 그와 함께 새벽까지 야근을 했고 주말에 함께 출근하기도 했다.

그 날도 여느 때와 다름없이 지친 몸을 이끌고 평소와 같이 출근했다. 하지만 K부장의 표정이 여느 날과 달리 조금 불안해 보였다. 이상하게 생각되어 알아보니, 전날 회식 자리에 문제가 있었던 모양이다. 그의 밑에 있던 C차장이 회식 자리에서 불미스러운 행동을 했고, 이 사건이 인사과에 보고되었다고 했다.

그리고 며칠이 지나서 K부장은 관리자 책임 소홀이라는 명목으로 중징계를 받게 되었다. 놀랍게도 그는 하루아침에 팀장 자리에서 물러나야 했다. 모든 것이 순식간에 일어났다. 그를 따르던 사람들마저 하나둘 그를 외면하기 시작했다. 그는 다른 부서로 전배전환배치를 가야 했지만 너무나 일찍 진급한 탓에 다른 부서에서도 그를 받기를 꺼렸다. 그렇게 몇 달 동안 아무 데도 끼지 못하고 방황한 끝에 지방으로 전배를 가게 되었고, 결국 그는 고객에게 샘플을 챙기는 자리에 앉게 되었다.

순식간에 회사 생활이 무너지는 그의 모습을 보며 나 또한 흔들리기 시작했다. 한동안 일이 손에 잡히지 않았다. 그와 함께 했던 프로젝트는 모두 중단되었다. 그리고 생각지도 않게 저축했던 돈을 갑자기 찾은 것처럼 나만의 시간이 많아지게 되었다.

퇴사를 결심한 당신을 위한 한마디

"파이프라인 하나를 구축하는 것은 월급봉투 천 개를 받는 것과 같다."

– 버크 헤지스, 『파이프라인 우화』

회사 출근을 꼬박꼬박 하는 것이 나의 미래를 위한 준비라 생각하지 말자!

그건 우리와 같이 살아가는 수백만 직장인 모두가 매일 치르는 전쟁에 불과하다. 현재의 삶을 바꿔야 한다. 월급이 나올 때 부지런히 나만의 인생 파이프라인을 구축해야 한다.

2. 하지만 회사가 정말 전부일까?

이 세상에 위대한 사람은 없다.

단지 평범한 사람들이 일어나 맞서는

위대한 도전이 있을 뿐이다.

– 윌리엄 프레드릭 홀시 (미국의 제독)

그때부터였다. 그와 일하기 시작한 이후 처음으로 해를 보며 퇴근을 하기 시작했다. 늘 지친 몸을 이끌고 파김치가 되어 퇴근하던 습관에서 벗어났다. 밝은 날 창밖의 풍경은 생각보다 아름다웠다. 퇴근 버스에서 내려서 집까지 걸어가보았다. 신선한 공기에 나도 모르게 감성적이 되어버렸고 내가 좋아했던 음악을 들으며 내가 살아온 길을 돌아보게 되었다.

왜 나는 회사라는 굴레에서 벗어나볼 생각을 하지 않았는가? 내 인생의 전부를 왜 남의 눈치만 보고 살아야만 했을까? 나는 무엇을 위해 회사에 충성을 다했는가? 수많은 질문이 꼬리를 물었다. 이러한 질문들 속에서 나는 명확한 답을 내지 못하고 있었다.

아마도 회사가 전부가 아닐 거라는 용기를 갖게 된 것도 그즈음부터였다. 그리고 나는 회사를 짝사랑하는 것이 얼마나 무서운 일인지 알게 되면서 회사를 맹목적으로 사랑하면 안 되겠다고 마음먹었다.

***

나에게는 두 분의 아버지가 있다. 나의 친아버지는 25년간 한 회사의 월급쟁이로 근무하시다 정년 퇴임하셨다. 이에 반해 우리 아버님장인어른은 15년간 회사 생활을 하시다 퇴사 후 개인 사

업체를 운영하고 계신다.

아버지는 모 대기업 건설회사 공채로 입사하셨다. 아버지는 성실히 일하신 덕에 회사에서 능력을 인정받았다. 30대 최연소로 대형 건설사의 현장 소장을 맡으셨다. 아버지는 현장 일터에서 일하셨기에 늘 새벽에 출근하셔서 밤늦게 퇴근하시곤 했다. 말 그대로 아버지는 회사에 모든 것을 바치셨다.

하지만 아버지의 이런 승승장구는 그리 오래 가지는 못했다. 아버지는 임원의 기회를 몇 번 놓치셨고 자의 반 타의 반으로 50대 초에 갑작스레 회사를 나오셔야 했다. 아무런 준비 없이 회사를 나오셨기에 다른 직장을 다니시면서 많이 방황하셨다. 하지만 아버지는 단 한 번도 이전 회사를 원망하지 않으신다. 그건 지금도 마찬가지다. 회사 덕분에 먹고살 수 있었기에 아버지는 내게도 '회사를 위해 몸 바치라'고 늘 말씀하신다.

새벽에 깨어나 준비하는 것만이 우리 삶을 바꿀 수 있는 유일한 길이다.

그에 비해 우리 아버님장인어른의 삶은 판이하게 달랐다.

아버님도 직장인으로 출발하셨다. 우리 아버지처럼 성실함과 열정으로 회사에서 인정을 받으셨다. 40대 초에 공장장 자리를 차지하시면서 승승장구하셨고, 마침내 직장인의 꿈인 회사 대표까지 맡게 되셨다.

하지만 아버님은 돌연 40대에 퇴사를 결심한다. 일찌감치 출세의 길로 들어서면서 월급쟁이로 버틸 수 있으셨지만, 퇴사 후 미래 준비가 필요하셨다고 느끼셨다고 한다. 아버님은 회사 시절부터 퇴사 후 삶을 위해 꾸준히 준비하셨다. 퇴근 후 개인 사업을 위해 아이템을 발굴하시고, 다양한 인맥 관리를 하셨다. 소위 준비된 퇴사를 하신 것이다.

이런 준비 덕에 올해 칠순이시지만 아직도 사회생활을 하고 계신다. 회사 덕분에 먹고살 수는 있을지 몰라도 언젠가 회사를 그만두어야 한다고 하신다. 늘 나에게도 회사를 다니면서 반드시 '자신만의 능력'을 키우라고 조언하신다.

결코 우리 아버지가 못났고 아버님이 잘났다는 이야기가 아니다. 우리 아버지 또한 회사를 위해 최선을 다하셨다. 열심히 걸어온 인생이었다. 나는 두 분의 아버지를 진심으로 존경한다. 내가 나이를 먹을수록 그분들의 삶을 더 깊이 이해하고 존경하게 된다. 하지만 두 분은 회사를 보는 관점이 각기 달랐다. 그게 유일한 차이점이었다.

아버지는 회사에 모든 것을 걸었고, 믿었다. 회사가 인생 전체를 책임져줄 것이라고. 반면 아버님은 회사를 이용해서 '자신만의 능력'을 키우셨고 '자신만의 미래'를 준비하셨다. 아버지는 퇴사 후 방황하셨고, 아버님은 퇴사 후 당당하셨다.

두 분의 인생을 바라보며, 회사가 내 인생 전부가 아니라는 퇴사 욕구가 꿈틀대기 시작했다.

퇴사를 결심한 당신을 위한 한마디

"매일 어떻게 일어나고 어떻게 아침을 보내는지가 성공의 등급에 엄청난 영향을 미친다. 성공적인 아침은 집중력 있고, 생산적이고, 성공적인 날들을 만들어낸다."

– 할 엘로드, 『미라클모닝』

아직도 허겁지겁 출근할 것인가? 아직도 시간이 없다고 핑계를 댈 것인가? 새벽에 깨어나 준비하는 것만이 우리 삶을 바꿀 수 있는 유일한 길이다.

3. 누구에게나 마지막 출근은 있다

> 경험을 현명하게 사용한다면,
> 어떤 일도 시간 낭비는 아니다.
> – 오귀스트 로댕 (프랑스의 예술가)

회사가 내 인생의 전부가 아닐 거라는 생각, 퇴사라는 단어가 머릿속에 맴돌기 시작했다. 퇴사를 위해서 무엇을 해야 하나. 퇴사와 관련된 책이나 신문 기사를 읽기 시작했다.

직장인 10명 중 8명은 퇴사의 충동 속에서 일하고 있다고 한다. 퇴사 충동을 느끼지 못하는 사람은 불과 2명에 불과한 것이다. 직장인 2명 중 1명은 입사 후 2년 이내에 퇴사를 한다고 한다. 최근 '워라밸'이라는 단어가 등장하면서 개인의 삶이 중요해지고 있다. 퇴사와 관련한 다양한 방송이 나오면서 퇴사를 종용하는 사회적 풍조마저 일어나고 있다.

하지만, 아이러니하게도 퇴사를 선택한 직장인 중 절반이 퇴사를 후회한다고 한다.

왜? 대체 왜?

그렇게 간절히 원해서 나갔으면서 왜 후회하는 걸까? 누군가는 이직한 회사도 별반 다르지 않다고 했다. 누군가는 퇴사하고 보니 이전 회사가 괜찮았다고 했다. 누군가는 충동적으로 결정한 것 같다고 했다. 신중하지 못한 퇴사를 하면서 퇴사를 후회하고 있었다.

월급에 감사하되 월급에 목숨 걸지 마라.

***

나는 주위에 퇴사를 감행했던 사람들을 하나하나 찾아 나서기 시작했다.

가장 먼저 P양이 떠올랐다. 그녀는 내 입사 동기였다. 그녀는 입사하자마자 촉망받는 능력자였다. 많은 사람들에게 인정받으며 잘나가가고 있었기에, 앞으로도 쭉 잘나갈 듯 보였다. 나이는 어렸지만 능력을 인정받아 미국으로 발령을 받았고, 그곳에서 근무하게 되었다. 모든 동기들은 그녀의 삶과 능력을 부러워했다. 어쩌면 나도 그랬다.

그리고 몇 년이 지났다. 그녀가 돌아왔다는 소식을 들었다. 환영회 모임에서 그녀의 표정은 그리 밝지 않았다. 돌아온 한국에서의 삶에 만족하지 못하고 있었던 것이다. 그리고 그녀는 '이제는 내가 해보고 싶은 것을 해보겠다!'고 외치며 돌연 퇴사를 감행했다. 모두가 입이 떡 벌어질 만큼 놀랐던 '사건'이다.

퇴사 후 그녀의 삶은 화려한 듯 보였다. 그녀는 곧장 많은 나라로 여행을 떠났다. SNS를 통해 지켜본 그녀는 자유를 느끼고 있었다. 조용한 테라스에서 커피 마시는 모습, 밤마다 외국인 친구들과 파티를 즐기는 모습. 여전히 모든 이의 부러움의 대상이었다.

몇 달이 지났을까 그녀가 귀국했다는 소식을 들었다. 하지만 예전의 화려한 모습은 사라지고 사뭇 진지한 표정을 짓고 있었다. 그녀는 퇴사했을 때만 해도 모든 자유를 얻었다고 생각했다고 했다. 인생이 어떻게 펼쳐질까에 대한 기대감이 컸다고.

하지만 막상 퇴사 후 맞이한 첫날 아침은 너무 고요했다고 했다. 아무 일도 일어나지 않는 현실이 불안해진 것이다.

마음만 먹으면 무엇이든 할 수 있다고 생각했는데, 수많은 계획들을 하루하루가 지나도 실천하지 못함에 불안해졌다고 했다.

특히 시간을 어떻게 써야 하는지 모르겠다고 솔직하게 고백했다.

화려할 것만 같았던 퇴사 생활도 현실적인 문제에 봉착한 것이다. 돈과 미래에 대한 고민으로 귀국 후 그녀는 다시 이력서를 업데이트하며 헤드헌터를 만나기 시작했다. 그리고는 결국 중소기업으로 재취업을 해 다시 회사원의 삶으로 돌아오고 말았다.

***

만약 현재 퇴사를 꿈꾸고 있다면 우리는 아주 진지하게 '마지막 출근 날'을 떠올려볼 필요가 있다. 재차 강조하지만 사원이든 임원이든 간에 누구에게나 마지막 출근 날은 있기 때문이다.

퇴사 후 '나는 무엇을 해야 하는가?'에 대해서 진지하게 고민해보자. 이 글을 읽고 있는 당신은 어떤 삶을 맞이하고 싶은가?

퇴사의 방법에는 크게 두 가지가 있다.

첫 번째는 체계적이며 충분한 준비를 한 후 퇴사를 맞이하는 것이다.

두 번째는 앞서 말한 능력녀 P씨와 같이 아무런 준비 없이 감정적, 즉흥적인 퇴사를 하는 것이다.

지금 회사에서 업무량이 많아 너무 힘들어서, 혹은 상사나 직장 동료 선후배와 맞지 않아서 등의 이유로 즉흥적 퇴사를 하는 것은 바람직하지 않다. 퇴사 후 자신이 하고 싶은 일을 할 수 있다는 것을 부정하는 게 아니다. 막연한 동경으로 즉흥적 퇴사를 결정하고 땅을 치고 후회하는 모습을 너무 많이 지켜봤기 때문이다.

실제로 부딪쳐야 하는 현실을 감당할 수 있는 충분한 경험이 있어야 한다. 회사 안에 있으면서, 충분한 고민과 나의 적성을 찾아야 한다. 월급이 나올 때 부지런히 내가 무엇을 하고 싶은

지, 질문하고 찾아나가는 게 중요하다. 치열하게 고민하고 충분히 준비해야 한다.

나는 행복한 퇴사를 꿈꾸며 퇴사 훈련 중이다. 퇴사에 대한 충분한 준비가 안 되었다면 퇴사하지 마라. 최대한 회사에서 버텨야 한다. 최대한 회사를 다니면서 본인이 체계적인 준비를 마친 후에 퇴사하는 것이 보다 안정적이며 미래 지향적인 삶을 살 수 있는 방법이다.

퇴사를 결심한 당신을 위한 한마디

"회사는 나를 만들어가는 곳이지, 내가 의존해가는 곳이 아닙니다."

– 이나가키 에미코, 『퇴사하겠습니다』

회사가 기대하는 삶 말고, 우리 자신이 기대하는 삶을 위한 준비를 해야 한다. 결코 연말에 받는 고과 점수가 우리의 인생 점수가 아니다.

회사 안에서 모든 답을 찾지 마라. 회사 밖에서 답을 찾을 수 있다. 월급에 감사하되 월급에 목숨 걸지 마라.

4. 내 인생의 파이프라인을 만들어라

> 20년 후 당신은 했던 일보다
> 하지 않았던 일로 인해 더 실망할 것이다.
> 그러므로 돛줄을 던져라. 안전한 항구를 떠나 항해하라.
> 당신의 돛에 무역풍을 가득 담아라. 탐험하라. 꿈꾸라.
> – 마크 트웨인 (미국의 소설가)

세계적인 베스트셀러 작가이자 동기부여 강사인 버크 헤지스Burke Hedges는 저서 『파이프라인의 우화』에서 모든 사람들에게 나만의 인생 파이프라인을 만들라고 한다.

책의 내용은 이러하다.

어느 가난한 마을에 브루노와 파블로라는 두 청년이 살고 있었다. 두 명은 젊었고 좀 더 나은 인생을 꿈꾸고 있었다. 그들은 어떻게 하면 가장 성공한 삶을 살까 고민하고 있었다.

그러던 어느 날 정말로 기회가 찾아왔다.

그 마을 시장이 산 위의 샘에서부터 골짜기를 가로질러 물을 길러 나를 사람을 고용하기로 결정한 것이다. 그들은 마을에 나른 물의 양에 따라 품삯을 받기로 했다. 그 둘은 열정적으로 일을 했다. 매일 이른 아침부터 밤늦게까지 샘에서 나온 물을 나르는 일을 했다.

브루노는 그가 받는 품삯과 일에 만족했다. 하루하루 열심히 한다면 자신의 꿈을 이룰 수 있을 것이라 확신했다. 브루노는 품삯을 더 받기 위해 매번 물을 길러 나를 때 더 큰 양동이를 사용하는 것이 좋을 것이라 생각했다. 그는 돈을 벌면

꿈에 그리던 소 한 마리와 집을 장만할 수 있을 거라고 생각했다.

하지만 파블로는 만족하지 않았다. 일이 끝나면 몸은 만신창이가 되었다. 하지만 그는 좀 더 쉬운 방법으로 더 많은 돈을 벌 생각을 하였다. 파블로는 좋은 생각이 떠올랐다. 산 위의 샘에서부터 마을까지 물을 끌어들일 파이프라인을 생각했다. 그는 파이프라인을 이용하면 마을까지 물을 나르며 왔다 갔다 할 필요 없이 쉽게 물을 가져올 수 있을 거라 믿었던 것이다.

파블로는 그날부터 계획을 세웠다. 파블로는 브루노에게 같이 파이프라인을 만들자고 제안했다. 하지만 브루노는 쓸데없는 생각이라고 했다. 브루노는 단지 '하루 품삯으로 무엇을 살 수 있을까?', '어떻게 돈을 빨리 벌 수 있을지?'만 생각한 것이다. 그는 파이프라인을 설치하는 것이 목표를 성취하는 일을 지연시킬 뿐이라 생각했다. 브루노는 더 큰 물통을 갖고 더 자주 왔다 갔다 하며 물을 날랐다. 그는 이 방법이 최선이라 생각했다.

하지만 파블로는 자신만의 파이프라인을 만들어야겠다고 결심했다. 하지만 파이프라인을 만드는 것이 결코 쉽지 않다는 것과 완성하기까지 몇 년이 걸린다는 것도 알고 있었다. 하지만 그는 목표에 도전하게 된다. 그도 브루노처럼 매일 일을 하고 물을 날랐다. 하지만 주말에는 파이프라인을 만들어 갔다. 하지만 마을 사람들은 파블로가 만들어놓은 파이프라인을 보고 비웃었다.

이 기간 동안 브루노의 수입은 두 배가 되었다. 브루노는 소와 더 큰 집을 샀다. 브루노는 일이 끝나면 물을 날라서 번 돈으로 술을 마셨다. 하지만 브루노는 많은 양의 물을 나르는 동안 얼굴이 수척해지고 몸이 피곤해져만 갔다. 그는 곧 몸이

약해져서 점점 더 적은 양의 물을 나를 수밖에 없었다.

하지만 파블로는 계속 파이프라인을 만드는 일을 계속했다. 그리고 몇 년이 흘렀을까? 파블로는 파이프라인을 완성했다. 이제 파블로는 양동이를 지는 것이 아니라 자신의 파이프라인을 이용해 마을로 물을 날랐다. 파블로는 전보다 더 많은 돈을 벌게 되었다. 물은 계속해서 마을로 흘러들어 왔다. 파블로가 일하지 않아도 물은 계속 흘렀다. 그의 수입은 파이프라인으로 물이 흐르는 동안 계속 흘러들어 왔다.

당신은 평생 물통을 지는 브루노의 삶을 살고 싶은가?

아니면 나만의 파이프라인을 설치한 파블로의 삶을 살고 싶은가?

브루노의 삶은 현재의 삶에 순응하며 꿈을 잃은 채 살아가는 직장인의 모습이다. 하루하루 월급에 의존하며, 미래를 위해 준비하지 못하는 것이다.

이에 반해 파블로의 삶은 현재의 직장 내에서 미래에 대한 목표를 세우고, 이를 실현하기 위해 착실하게 준비하는 삶이다. 그는 퇴근 후 부지런히 자기만의 파이프라인을 만들기 위해 고민하고 노력한 것이다.

대부분의 직장인들은 브루노처럼 열심히 물통을 나르면 행복할 것이라 믿고 살아간다. 행복을 위해 더 큰 물통을 찾기에 바쁘다. 큰 물통으로 물을 나르면 성공은 저절로 따라온다고 믿는다. 그리고는 편히 쉴 수 있는 날이 다가올 때까지 열심히 물통만 나르면서 살아간다.

하지만 우리는 평생 물통만 나르고 살 수 없다는 것을 인정해야 한다. 현재 우리는 아침부터 저녁까지 변함없이 물통을 열심히 날라도 평생 행복을 보장받을 수 없는 삶의 시대를 살아가고 있다. 물통을 나르는 일은 조금만 상황이 바뀌어도 곧장 불안정한 상태가 되어버린다. 월급은 일시적이고 한정적인 것이다. 게다가 언젠가 우리가 늙고 힘들어 지쳐서 몸을 제대로 움직이기 힘들 때는 그나마 월급조차 받지 못하게 된다.

우리는 직장에 들어가면 하루 종일 쉬지 않고 물통을 나른다. 돈을 더 벌기 위해 더 큰 물통으로 찾기 위해 이직을 감행하곤 한다. 이러한 삶이 결코 잘못되었다는 게 아니다. 하지만 냉정하게 들릴지 모르지만 다 부질없는 짓이다.

대부분의 직장인들은 파이프라인을 설치하는 일은 힘들고 시간이 오래 걸린다는 이유로 현실과 타협한 채로 살아간다. 대다수의 직장인들은 시간을 돈으로 바꾸며 생활하고 있다. 월급으로만 버티며 살아가고 있는 것이다.

하지만 파이프라인 하나를 구축하는 것은 월급봉투 천 개를 받는 것과 같다고 했다, 현재의 삶을 바꿔야 한다. 하루라도 월급이 나올 때 부지런히 여러 개의 나만의 인생 파이프라인을 구축해야 한다.

퇴사를 결심한 당신을 위한 한마디

"우리들 누구나 낙타의 삶을 거친다. 무거운 등짐을 지고 하루 종일 사막을 횡단한다. 극히 일부의 낙타만이 사자가 되어 자유로운 삶을 누린다. 낙타가 사자가 되기 위해서는 엄청난 고뇌와 결단, 그리고 그에 걸맞은 행동을 해야 한다. 한 번 태어난 세상에서 낙타가 아닌 사자로 살고 싶은 마음이 간절하다면 당신도 충분히 해낼 수 있다. 간절히 원하라. 인내하라. 그리고 도전하라. 결국 꽃은 핀다."

– 유대열, 『나는 오늘도 경제적 자유를 꿈꾼다』

언제까지 낙타의 삶을 살아갈 것인가? 회사를 다니며 사자의 삶을 꿈꾸고 행동해라. 유일무이한 무기는 퇴사 준비를 통해 '자신만의 능력'을 키우는 것밖에 없다. 냉정하지만 현실이 그렇다.

5. 월급을 퇴사 준비 비용으로 써라

가장 큰 위험은 위험 없는 삶을 사는 것이다.

– 스티븐 코비 (미국의 기업인)

퇴사를 꿈꾸기 시작하였다면 실행으로 옮겨야 한다. 단지 꿈만 꾸어서는 안 된다. 말은 누구나 하지만 행동에는 큰 용기가 필요하다. 구체적인 목표를 세우고 하나씩 도전해야 한다. 도전의 크기가 크든 작든 중요하지 않다. 도전 자체가 의미 있는 경험이다. 성공하든 실패하든 과정 자체가 나만의 소중한 자산이 되기 때문이다.

이러한 도전에서 가장 명심해야 할 것이 있다. 반드시 월급이 나올 때 부지런히 도전해야 한다는 것이다!

퇴사 후 도전하다 실패하면 회복하는 데 많은 시간이 걸린다. 하지만 회사에 다니면서는? 실패해도 생활을 지탱해줄 월급이 있기에 금방 재기가 가능하다. 그러니 월급 나올 때 부지런히 도전해야 한다.

약아빠진 소리라고? 결코 그렇지 않다. 지극히 현실적인 조언이다.

월급은 정말 소중하지만 때론 마약과도 같음을 부인할 수 없다. 매달 월급을 받기 시작하면 월급에 내 삶을 의존한다. 월급에 의존하며 세상 밖의 도전에는 눈길조차 주지 않는 삶이 된

반드시 월급이 나올 때 부지런히 도전해야 한다.

다. 이런 안정적인 직장인의 삶을 끓고 있는 비커 안에 담긴 개구리라고 묘사한다. 비커에 담긴 개구리는 물이 뜨거워지는데도 현실에 만족한 채 뜨거움을 인지하지 못하고 결국에는 죽고 만다.

"가장 안정되어 보이는 길이 가장 위험한 길이다!"

세계적인 베스트셀러 작가 로버트 기요사키는 거듭 말했다. 그렇다고 회사 밖이 안전하다는 것은 아니다. 내 말은 회사에서 절대적으로 의지하는 것은 더 이상 당신을 안전하게 지켜주지 못한다는 것이다. 평생직장은 쌍팔년도 단어가 된 지 오래다.

따라서 우리가 해야 할 일은 회사라는 공간을 '돈 주고 공부시켜주는 최고의 학교'라고 인식하는 것이다. 인식의 전환이 필요하다. 이 기막힌 학교를 백분 활용하여 울타리 밖의 삶에 대비해야 한다는 것이다.

***

그래서 지금 나는 나만의 인생 파이프라인을 만들기 위해 단순히 꿈을 꾸는 것이 아니라 '직접' 온몸으로 도전을 하고 있다. 때론 무모해 보일 수도 있다. 누군가의 눈에는 불안해 보일 수도 있다.

하지만 나는 그 속에서 끊임없이 나의 한계를 시험해보면서 차곡차곡 나의 미래를 위한 준비를 하고 있다.

나는 내 월급을 퇴사를 위한 수업료로 사용하고 있다. 세상에 공짜는 없다. 나는 관심 분야가 생기고 도전을 시작하면 비용과 대가를 지불하려고 한다. 처음 나도 나의 무모한 도전에 돈을 쓰는 것은 낭비라 생각했다. 그래서 듣고 싶은 분야가 생기면 무료 오프라인 강의나 온라인을 통해 공짜를 찾아다녔다.

하지만 공짜와 무료에는 분명한 한계가 있었다.

우선 무엇보다도 무료라는 생각에 부담이 없으니, 나 자신이 임하는 태도가 나태해졌다. 긴장감도 없었기에 남는 게 없었고 도전 의식도 생기지 않았다. 그런 깨달음 이후 나는 내 월급의 일부를 투자하기 시작했다.

나는 이런 투자 덕에 단기간에 많은 것을 얻을 수 있었다. 부동산 컨설팅을 받아서 단기간 200% 수익을 얻었다. 출간 컨설팅을 통해 나만의 책을 출간하면서 매달 인세를 받는 작가가 되었다. 프랜차이즈 컨설팅을 통해 나만의 가게를 차려서 연 매출 5억을 달성하기도 했다. 자비로 대학원에 진학을 하면서 마케팅 강사가 되었다. 나는 이러한 노력을 통해 내 인생에서 여러 개의 파이프라인을 만들고 있다.

***

비용을 투자하는 것보다 앞선 것이 나의 생활 태도이다. 대부분 이러한 도전에 대해 직장을 다닌다는 이유로 돈도 없고 시간도 없다고 말한다. 대표적인 핑계다. 나는 이러한 핑계 앞에 진정 물어보고 싶다.

"과연 하루 중에 잠을 몇 시간 주무시나요?"

나는 직장 생활을 시작하면서 아침 6시 이후에 일어나본 적이 없다. 아무리 야근을 해도, 전날 아무리 과음을 해도 나의 기상 시간은 늘 5시다. 다른 직장인들과 같은 삶이다. 이러한 부지런함이 대한민국에서 가장 바쁘다고 알려진 회사를 다니면서도 수많은 도전을 가능하게 만들었다.

내가 부지런하다는 것을 자랑하는 게 아니다. 결코 나만 부지런한 게 아니다. 이미 우리 주위의 수많은 직장인들이 그들의 파이프라인을 위해 피나게 노력하고 있다. 며칠 전 부동산 강의를 신청했다. 하필 당일 태풍주의보가 왔고 밖에 폭우가 쏟아졌다. 밖에 나가는 것조차 고민이 되었다. 하지만 너무나 듣고 싶었던 강의였기에 몇 번을 망설이다가 참석했다. 나는 강의실에 들어가자마자 놀랐다. 폭우가 무색할 정도로 비좁은 강의실엔 수많은 직장인들이 가득 차 있었다. 그중 지방에서 월차를 내고 올라온 사람도 있었다. 그들의 열정 앞에 폭우는 아무것도 아니었다.

우리는 우리의 삶을 진지하게 고민해야 한다. 평생 물통을 나를 것인가? 아니면 나만의 인생 파이프라인을 설치할 것인가? 브루노처럼 매일 아침부터 저녁까지 물통을 날라야만 돈을 벌 수 있는 삶을 선택하겠는가? 아니면 파블로처럼 월급이 나올 때 부지런히 나만의 파이프라인을 설치하고 퇴사 후 안정적인 삶을 선택하겠는가?

선택은 본인의 몫이다. 하지만 아직도 돈이 없다고 말할 것인가? 시간이 부족하다고 말할 것인가? 이미 우리 같은 직장인들 중에는 잠을 안 자면서 그들의 파이프라인을 설치하고 있는 사람이 있다는 사실을 잊어서는 안 된다.

퇴사를 결심한 당신을 위한 한마디

"성공하고 싶다면 성공을 생생하게 꿈꾸어라. 그러면 운명처럼 기회가 찾아온다."

– 이지성, 『꿈꾸는 다락방』

꿈이 있다면, 목표를 달성한 모습을 생생하게 꿈꾸어야 한다. 나는 이러한 공식을 믿고 생활한 덕분에 많은 목표를 이루었다. 아무리 불가능하게 보이는 목표라도 생생하게 꿈을 꾼다면 반드시 이룰 수 있다.

완벽한 퇴사로 성공한 사람들

01 학원법인 '㈜메종드두오모 이영준 이사장

가족을 위한 사랑이 회사 설립까지 이어지다

대학원 동기인 이영준 대표는 현재 인천에서 고용노동부 지정 국비지원교육기관을 운영 중이다. 사업을 하기 전까지만 해도 그는 소위 잘나가는 직장인이었다. 그는 몇 년 전 뛰어난 업무 능력을 인정받아 싱가포르 지사로 발령받게 되었다. 그리고 한국의 생활을 정리하고 가족들과 함께 싱가포르에서 자리를 잡았다. 그는 현지에서도 승승장구했다. 그가 맡은 프로젝트가 성공을 거두면서, 그는 회사에서 더욱 인정받기 시작했다.

그런데 변수가 생겼다. 가족이었다. 그에게는 사랑스런 아내와 세 명의 딸이 있다. 하지만 아내와 딸들이 낯선 타국에서의 생활에 적응을 잘하지 못하였던 것이다. 무더운 날씨와 언어장벽 등이 가족들의 생활을 힘들게 했다.

그는 고민했다. 일을 택할 것인가? 가족을 택할 것인가? 고민 끝에 그는 가족을 택했다. 그리고 그는 한국으로 돌아와 자신만의 일을 하기로 결심했다.

그는 다행히 예전부터 회사에 다니면서 부지런히 자신만의 일을 계획했다고 했다. 싱가포르에서 회사를 다니면 틈틈이 '우버' 같은 택시 플랫폼 사업도 해보았다고 했다. 이러한 창업 경험은 그에게 큰 도움이 되었다. 그리고 그는 교육업으로 창업을 결심하게 된다. 처음에는 중고등학교 교육 프랜차이즈 업체 설명회에도 참석했다. 하지만 차별화가 부족했다. 사업도 지속적일 수 있을 것 같지 않았다. 그래서 그는 안정적으로 수익이 창출되는 성인 교육으로 눈을 돌렸다.

현재 그의 직함은 ㈜메종드두오모 이사장이다. 그는 인천에서 성인을 대상으로 국비전문학원을 운영 중이다. 현재 국비지원 기관을 운영하면서 정부의 고용증진 정책을 활용해 성인직

업교육의 품질과 폭을 넓힐 수 있는 또 다른 사업 아이템을 발굴하려 노력하는 중이며, 다른 지역의 메이저 학원들과 파트너십을 맺어 사업영역을 확장할 계획을 가지고 있다. 현재는 타 지역으로 분점을 계획하며 사업 영역을 확장하고 있다.

그가 성공할 수 있었던 요인은 두 가지였다.

첫 번째는 가족이었다. 가족이 그가 사업에 뛰어들게 한 원동력인 것이다. 그는 회사에서의 성공보다는 가족과 함께하는 삶을 선택했다.

또 하나는 모든 일에 거부감 없는 도전 즉, 오픈 마인드다. 그는 만약 그가 친숙한 중고등학교 교육 쪽을 선택했다면 오늘의 성공은 없었을 거라고 말한다. 모든 일을 새로운 시각으로 탐색하고 주도면밀하게 사업을 연구하면 성공할 길은 많다고 그는 말한다.

TIP

퇴사를 준비하는 당신에게 #1

퇴사 전 꼭 봐야 하는 필독서 7

1. 『꿈꾸는 다락방』 – 이지성

꿈을 현실로 만들어갈 수 있도록 해준 책이다. 저자가 말하는 공식은 간단하다. "R=VD." 즉, '생생하게Vivid 꿈꾸면Dream 이루어진다Realization'이다. 이미 성공한 모습을 마음속으로 생생하게 그리는 습관이 목표를 달성하는 가장 강력한 수단이라고 저자는 말한다. 꿈 없이 살아가는 직장인에게 꿈꾸는 삶의 중요성을 강조하고, 꿈을 현실화하는 기법을 알려준다.

2. 『하루 세 줄, 마음정리법』 – 고바야시 히로유키

내가 실천하고 있는 세 줄 일기법과 관련된 대표적인 책이다.

저자는 일본 최고의 자율신경 분야 전문가 이다. 저자는 세 줄 일기를 작성하면서 하루 한 번, '흐름'을 멈추고 오롯이 내 자신을 들여다보는 시간을 가지라고 말한다. 세 줄 일기를 매일 쓰면 '나쁜 고리'를 끊어내고 '좋은 고리'를 만들 수 있다고 말한다. 자아탐색이 어려운 직장인들이 읽어보고 실천해볼 만한 방법이다.

3. 『파이프라인 우화』 – 버크 헤지스

본 책 1장에서 소개한 브루노와 파블로 일화의 원본이 실려 있는 책이다. 직장인들에게 월급으로 버티는 삶이 아닌 파이프라인 구축의 필요성을 알려주며 구체적인 실천 방안을 제시한다. 저자인 버크 헤지스는 10여 년 전부터 개인적, 재정적 자유를 주장해온 인물이다. 직장인으로서 하루하루를 시간과 교환하는 함정에서 벗어나게 하

고, 미래를 풍요로운 삶으로 바꾸는 자극제가 되어주는 책이다.

4. 『글쓰기가 필요하지 않은 인생은 없다』 – 김애리

내게 글을 쓰게 해준 동기부여가 된 책이다. 저자는 10년간 글쓰기를 통해 치유받고, 성장하면서 행복해진 체험담을 나누고 있다. 저자는 꿈꿀 수 있는 것들의 영역을 넓혀서 하나둘 현실로 탈바꿈시키고 있다. 진솔한 글쓰기를 통해 자신을 더 이해하고 남김없이 사용하여 진짜 삶의 주인공으로 우뚝 설 수 있게 도와주는 책이다.

5. 『스몰 스텝』 – 박요철

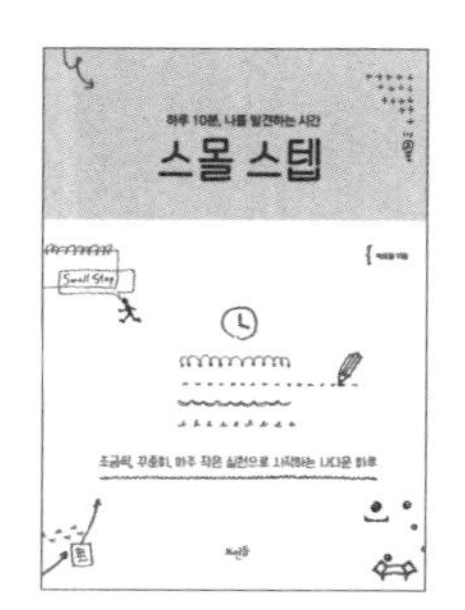

제목 그대로, 작지만 꾸준한 실천을 통해 일상의 주인으로 살게 해주는 작은 혁명을 이야기하는 책이다. 저자는 다른 사람들에게 휘둘리며 자기 자신을 잃어가다가 3년 동

안 매일 작은 습관들을 실천하면서 변화했다고 말한다. 3년 동안 매일 세 줄의 일기를 쓰고, 좋은 글을 필사하고 느끼면서 자기 자신을 사랑하는 법을 알게 되었다고 말한다. 작가 역시 퇴사부터 하지 말고 매일 10분씩 행동하라고 전한다.

6. 『퇴사하겠습니다』 – 이나가키 에미코

퇴사를 꿈꾸는 직장인이라면 한 번쯤 제목 정도는 들어봤을 책이다. 특히 저자의 뽀글뽀글한 헤어스타일 덕분에 더 유명하기도 하다. 몇 년 전 매스컴에 출연하면서 전국적으로 퇴사 붐Boom을 만든 장본인이기도 하다. 그녀 또한 나를 만들기 위해서 회사를 다녀야 한다고 말한다. 퇴사를 결심한 순간부터 실제 퇴사를 하기까지의 그녀의 경험담을 담았다.

7. 『퇴사학교』 – 장수한

저자도 나와 같은 회사원이었다. 그가 대기업을 다니다 퇴사를 하고 백수 생활부터 퇴사학교를 만들기까지의 과정을 풀어낸 책이다. 그는 퇴사를 하고 싶어 하는 이유와 목적이 무엇인지 '체계적으로' 고민해보라고 말한다. 퇴사를 준비하는 데 있어 가장 중요한 것은 당장 실행하는 것이라고 말한다. 저자는 실제로 퇴사학교를 운영하고 있다.

search
8
BUSINESS
10%
30%
45%
15%

Master Plan For Your Life

2장

퇴사에 필요한 4가지 인생 기술

퇴사 후에도 성공적인 삶을 멋지게 영위해가는 '프로퇴사러'들의 삶에는 모두 각자의 성공 요인이 있었다. 이번 장에는 반드시 퇴사 전에 익혀야 할 4가지 인생 기술을 설명하고자 한다.

1. 첫째: 힘들 때 언제든 기댈 수 있는 '진짜 인맥'

행복의 90퍼센트는 인간관계에 달려 있다.

– 키에르케고르 (덴마크의 철학자)

모 조사기관에 따르면 무려 85%의 사람들이 인간관계로 인해 스트레스를 받고 있다고 한다. 하지만 신기하게도 성공한 사람의 85%는 "나는 인맥으로 성공했다!"라고 이야기한다. 나머지 15%만이 자신의 기술과 지식으로 성공했다고 말한다. 그만큼 인간관계 즉 '인맥'은 우리가 회사 밖의 삶을 살아가는 데 있어 중요한 요소다.

과거에 성공한 사람들의 공통점은 소위 '카리스마'가 있었다는 것이다. 즉 카리스마로 많은 사람들을 휘어잡았다. 목적을 향해 거침없이 돌진해서 달성해내는 상하수직적 능력이 각광받았다. 하지만 현재는 반대다. 수평적 관계를 맺는 '네트워크' 사회로 발전하면서 사람들과의 소통 및 관계가 중요해지고 있다.

인간관계가 삶에서 중요한 또 하나의 경쟁력이 되었다. 인간관계를 얼마나 잘 유지하고 운영하고 있는지를 나타내는 지수로 'NQNetwork Quotient', 일명 '공존지수' 또는 '인맥지수'라는 신조어가 있다. NQ가 높을수록 사회에서 다른 사람들과 소통하기 쉽고, 이러한 것을 자원 삼아 더 쉽게 성공의 문턱에 다가설 수 있다는 것이다. 그렇기에 퇴사 전에 부지런히 나만의 '진짜 인맥'을 만들어놓아야 된다.

하지만 인맥 형성을 할 때 가장 조심해야 하는 것이 있다. 즉 회사 안보다는 회사 밖의 인맥을 잘 유지해야 한다는 점이다.

직장인이라면 모두 느끼겠지만 회사 생활을 시작하면 회사 밖의 인맥에 소홀하게 된다. 하루 종일 회사 사람들하고 뒹굴다 보면 사람 만나는 것이 다 귀찮고 지겨워지기도 한다. 이런 생활이 3년, 5년 지속되면 회사를 나오게 되어 힘들 때 도움의 손길을 줄 수 있는 '진짜 인맥'이 없어진다. 당연한 결과다. 어느 누구도 탓할 수 없다.

이 책에 나오는 완벽한 퇴사로 성공한 인물인 ㈜제이마커스 한용주 대표는 막상 사업을 시작하고 보니 "돈보다도 중요한 게 함께 일할 사람이었다."라고 했다. 유아용 아이템 '비클립'의 개발자인 ㈜프론텍 백민건 팀장 또한 사업 초기에 가장 먼저 한 일이, 함께 연구할 팀원을 모집하기 위해 전국의 대학교를 돌아다닌 것이었다고 말했다.

그들은 다른 것은 노력하면 어느 정도 되지만 진짜 인맥을 위해서는 오랜 시간이 걸린다고 말했다. 누구나 숙고해서 들어볼 말이다.

회사 밖의 삶은 혼자 가야 하는 삶이다. 하지만 혼자서 무엇이든 해결하려고 하면 실패할 확률이 높다. 나보다 잘하는 사람과 함께 일하면서 서로 도움을 주고받는 것이 무엇보다 중요하다. 회사에 있는 동안 부지런히 나만의 '진짜 인맥'을 형성하는 것이 중요한 기술이다.

***

나 또한 부지런히 회사 밖의 인맥 형성을 위해 노력하고 있다. 퇴근 후에 가능한 많은 외부 모임에 참석하고자 노력한다. 단순히 먹고 마시는 모임이 아닌 부동산, 창업, 출간 등 다양한 목적이 있는 모임을 선호한다. 이러한 소모임을 통해 인맥 형성은 물론이고, 단기간에 그들의 경험을 간접적으로 배울 수도 있다.

다른 것은 노력하면 어느 정도 되지만 진짜 인맥을 위해서는 오랜 시간이 걸린다.

그렇다고 회사 안의 인맥에 소홀하거나 적을 만들어서는 안 된다. 회사 생활을 하다 보면 회사 내에서 소위 업무적으로 일하면서 '적'을 만드는 모습을 종종 보곤 한다. 하지만 회사 안의 사람도 언젠가는 회사 밖의 사람이 될 수 있다. 모두가 나만의 인맥이 될 수 있다고 생각하고 회사 생활을 해야 한다.

인맥을 넓히는 것도 중요하지만 깊이 유지하는 것도 중요하다. 인맥의 깊이를 유지하는 것의 기본은 자주 연락하는 것이다. 나는 외근을 나가게 되면, 외근 후 잠깐이라도 회사 밖의 인맥에게 연락한다. 잠깐 차 한 잔이라도 한다. 혹 만날 시간이 없다면 문자라도 주고받는다. 이러한 짧은 만남을 통해서 인맥 유지는 물론이고, 그들의 삶을 보면서 나태해지는 나의 회사 생활에 긴장감을 불어넣어줄 수 있다.

또한 깊이 있는 인맥 형성을 위해서 다양한 분야의 전문가로 나 자신을 성장시켜야 한다. 즉 다양하고 새로운 정보를 끊임없이 습득하고 공부해야 한다. 내가 얻어가기만 하는 용도로 인맥을 활용해서는 안 된다. 그들과 내가 가진 정보를 주고받으며, 서로 간의 정보가 공유되어야 한다. 이래야 만남이 더욱 풍성해지면서 좋은 인맥이 유지될 수 있는 것이다.

그렇다고 새로운 인맥 형성을 위해서만 열을 올려서는 안 된다. 지금의 인맥을 소홀히 해서는 안 된다. 주변부터 잘 챙기는 것이 중요하다. 서로 힘들 때 언제든 도움의 손길을 줄 수 있는 진짜 친구 3명만 있어도 성공한 인생이라는 말이 있다. 퇴사 이후의 삶에 있어서 인맥은 그 어느 능력보다 중요한 수단이기에 나만의 '진짜 인맥'을 가지기 위해 부단히 노력해야 한다.

퇴사를 결심한 당신을 위한 한마디

"미래는 이상을 품은 자에게만 열린다. 이상과 끈기는 결코 사람을 배신하지 않는다. 스스로 무엇을 하고 싶은지 모르는 사람이 가장 불행한 사람이다. 이상이 있다면, 또 스스로 무엇을 하고 싶은지 정확히 알고 있다면 그 어떤 고통도 감내할 수 있다. 그리고 가장 마지막에 웃는 자가 될 수 있다."

– 까오페이, 『마윈의 성공 철학』

퇴사 후의 삶을 위해 이상꿈을 품고 도전해라. 그 결과 중에는 작은 성공도, 큰 실패도 있다. 이도 저도 아닌 시행착오도 허다하다. 하지만 성공이냐 실패냐보다는 과정 속에서 변화하는 자신의 모습을 발견하는 것이 중요하다.

성공이나 실패냐보다는 과정 속에서 변화하는 자신의 모습을 발견하는 것이 중요하다.

완벽한 퇴사로 성공한 사람들

02 글로벌 교육 서비스 기업 '슈퍼트랙' 위견 대표

'진짜 인맥'을 통해 교육 회사 대표가 되다

교육 서비스 업체 '슈퍼트랙' 대표인 위견 선배는 모 대기업에서 사회생활을 시작했다. 그는 소위 잘나가는 직장인이었다. 회사 추천으로 그는 MBA 과정에 입학한다. 우연히 경영사례분석대회에 참가했고, 그 대회를 후원했던 모 스위스 업체의 지사장 자리 제안을 수락했다. 지사장이 되면서 연 매출 80억 원을 기록했지만, 행복은 오래가지 않았다. 돌연 독일 기업에 합병되면서, 그는 지사장 자리에서 물러날 수밖에 없었다. 그 무렵 그는 창업을 결심했다.

하지만 무엇부터 시작할지 막막했다. 그러던 와중에 아는 교수님께 자문을 구했다. 평소 사람 만나는 것을 좋아하는 걸 아셨는지 인적 네트워크를 활용하여 우리 사회에 기여할 수 있는 교육 분야 사업에 도전하기를 추천했다. 그리고 이듬해 '슈퍼트랙'을 창업했다. 하지만 시작은 결코 쉽지 않았다. 3개월간 공들여 만든 진로 탐색 프로그램도 런칭에 실패했다. 결코 좌절하지 않았다. 인적 네트워크를 총동원해 교육 컨설팅 사업을 수주하기 위해 노력했다. 이러한 노력이 결국 통했다. 창업진흥원의 우수 지식콘텐츠 업체에 선정되어 정부 지원을 받았고 해외 진출 기회를 얻었다. 또한 글로벌 기업 아마존이 운영하는 아마존 웹 서비스Amazon Web Services의 국내 교육 파트너로 선정되어 안정적 수익원을 확보할 수 있었다. 그리고는 현재 이러한 사업 이력을 기반으로 동남아 지역에서 사업 영역을 확장하고 있다.

그는 말한다. 그가 성공할 수 있었던 이유는 힘들 때 언제든 도움의 손길을 줄 수 있는 '진짜 인맥'이었다고. 회사에 다닐 때 부지런히 쌓아온 인맥이 회사 밖에서 큰 도움이 되었다고 한다. 도움을 받은 사람이 다시 도움을 주는 인맥의 선순환 구조를 만들면 평생 든든한 동반자가 될 수 있다고 말한다.

2. 둘째: 두려움과 불안을 이겨내는 '마인드 컨트롤'

사람들이 그들의 염려에 쏟는 열정만큼만 그들이 하는 일에 쏟는다면, 성공은 틀림없이 보장될 것이다.

– 지그 지글러 (미국의 작가)

회사 4년 만에 퇴사를 감행한 Y군은 내게 말했다. 퇴사한 다음 날 이상하게도 주위가 너무 고요했다고. 회사에서의 소란함에 길들여져 있는 그에게 고요함이란 평화나 안정이 아닌 불안감일 수밖에 없다. 그는 퇴사한 후 시간이 지날수록 결혼, 돈, 미래에 대한 불안감이 생겼다고 했다. 이러한 불안감은 불면증으로 이어졌고 끝내 심리 상담까지 받게 되었다. 그리고 몇 달이 지나 결국 그는 다시 직장인의 삶으로 돌아오게 되었다. 먼 길을 돌고 돌았지만 결국 다시 회사명과 사원증 번호만 바뀌게 된 것이다.

나 또한 이러한 경험이 있다. 잠시 회사를 쉰 적이 있다. 회사를 쉬면 세상 편할 줄 알았다. 하지만 묘한 외로움과 불안감이 시작되었다. 밥도 혼자 먹어야 했다. 어디든 혼자 다녀야 했다. 외로움이란 것도 일종의 스트레스로 다가왔다. 잠시 쉬다 보니 금전적으로도 힘들었다. 내면의 두려움과 불안감이 켜켜이 쌓이기 시작했다.

잠시 쉬는 기간에 공부를 하면서 많은 퇴사자들을 만났다. 그들 또한 내면에 두려움과 불안감을 가지고 있었다. 그들은 열정과 자신감 하나 믿고 소위 잘 다니던 직장을 그만두고 야심차게 공부를 시작했다. 하지만 시간이 흐르면서 그들도 두려움과 불안감을 가지게 되었다. 과연 잘 다니던 회사를 그만두고 퇴사를 선택한 것이 옳은 선택인지, 졸업하면 예전 직장보다 더 좋은 곳으로 취업할 수 있을지 두려움과 불안감이 커지게 된 것이다.

대부분의 직장인들은 회사만 벗어나면 무조건 행복할 것이라 믿는다. 하지만 이상과 현실은 다르다. 회사를 벗어나자마자 두려움과 불안이 생긴다. 바다로 향하기 위해 배를 만들어야 하는데, 어떤 배를 만들어야 할지 방황과 두려움만 쌓이다 결국에는 배를 만들 수 없게 되는 것이다.

그러니 우선 '빨리 퇴사해야 한다'는 조급한 마음을 버려야 한다. 또한 퇴사 후 느낄 두려움과 불안을 견딜 수 있는 강한 멘탈을 가져야 한다.

강한 멘탈을 기르기 위해서는 회사에 다니면서 늘 '내일이라도 회사를 나갈 수 있다. 회사는 언젠가는 떠나야 하는 곳'이라 생각하고 생활해야 한다. 회사는 오래 다니고 싶다고 오래 다닐 수 있는 곳이 아니다. 자의든 타의든 언제든지 회사를 그만둘 수 있다고 생각하며 생활해야 한다. 나는 회사 생활을 하며 그런 생각을 지니고 난 후부터 두려움이 기대감으로 바뀌게 되었다.

많은 직장인들에게 퇴사 후의 삶은 두렵고 불안할 것이다. 하지만 시기의 차이일 뿐, 언젠가는 누구나 느끼게 될 것이다. 이러한 두려움과 불안을 극복할 수 있는 유일무이한 무기는 퇴사 준비를 통해 '자신만의 능력'을 키우는 것밖에 없다.

퇴사를 결심한 당신을 위한 한마디

"한번 비난을 두려워하기 시작하면, 사소한 손가락질에도 몸을 숨기고 방어하기에 급급하게 된다. 그러나 과연 나는 상대의 비난을 올바르게 판단하고 있는가? 지레 겁부터 먹고 숨는 것은 아닐까?"

– 이승민, 『상처받을 용기』

비난을 두려워하지 마라. 많은 직장인들은 퇴사 후의 삶이 두렵고 불안할 것이다. 하지만 시기의 차이일 뿐. 언젠가는 누구나 느끼게 될 것이다. 이러한 두려움과 불안을 극복할 수 있는 유일무이한 무기는 퇴사 준비를 통해 '자신만의 능력'을 키우는 것밖에 없다.

어떤 배를 만들어야 할지 방황과 두려움만 쌓이다 결국에는 배를 만들 수 없게 되는 것이다.

03 영등포의 전문 수입차 서비스 '미케닉케이Mechanic K' 홍영균 대표

카센터 막내에서 수입차 서비스 대표가 되다

서울 영등포의 수입차 서비스 센터 대표가 된 내 고등학교 선배 홍 선배. 그는 유년 시절부터 자동차를 좋아했다. 그래서 그는 모 대학교 기계공학과에 입학했다. 학창 시절에 손재주가 있었던 그였기에, 이론 공부보다는 실습 시간이 더 즐거웠다. 하지만 그는 적성과 달리 모 회사 설계팀에 입사하게 되었다. 워낙 성실하고 붙임성이 좋은 탓에 회사에서도 인정을 받았다. 하지만 몇 년 뒤 회사 사정이 어려워지면서, 그는 어쩔 수 없이 회사를 나와야 했다. 갑작스런 퇴사 통보에 방황의 시기도 겪었다. 그의 부모님은 안정적인 공무원이 되라며 시험공부를 권했다. 하지만 그는 그가 무엇을 가장 잘하는지 고민했고, 마침내 수입차 서비스 센터를 차리기로 결심했다.

하지만 당장 할 줄 아는 게 없었다. 대학 시절 배운 지식은 실전과 달랐다. 그래서 그는 동네 카센터에 취직하기로 마음먹었다. 하지만 나이가 많아서 취직도 쉽지 않았다. 몇 번의 도전 끝에 그는 카센터 막내로 취직하게 되었다. 취직 후 그는 그만의 능력을 키워야 한다는 생각뿐이었다. 퇴근 후엔 밤을 새워 자동차를 분해하고 조립하기를 반복했다. 새벽에는 자동차 기술 자격증을 공부했다. 그렇게 생활한 지 8년이 흘렀다. 그는 그동안 갈고닦은 실력과 그동안 악착같이 모은 종잣돈으로 영등포에 작은 수입차 서비스 매장을 열었다.

그가 8년간 습득한 자동차 수리 실력과 깊이 있는 지식 덕분에 단골손님이 기하급수적으로 늘었다. 그리고 현재 직원 4명을 둔 소위 잘나가는 수입차 서비스 센터 대표가 되었다. 현재 2호점을 오픈하려고 계획하고 추진하고 있다.

그는 자신이 성공할 수 있었던 요인은 미래에 대한 두려움을 해소할 수 있었던 '마인드 컨트롤'이라고 했다. 유수의 대학을 졸업하고 카센터 막내로 일하기로 결심하기는 쉽지 않았다고 했다. 하지만 그럴 때마다 두려움을 극복할 수 있는 유일무이한 무기는 '나만의 능력'을 키우는 것밖에 없다고 생각하고 두려움을 극복했다고 말했다.

3. 셋째: 무한 자유를 계획으로 즐기는 '시간 관리'

승자는 시간을 관리하며 살고,
패자는 시간에 끌려 산다.
– J. 하비스 (미국의 저널리스트)

인생을 성공적으로 살고 있는지 돌아보기 위해서는 자신의 시간을 어디에 썼는지 돌아보라는 말이 있다. 그만큼 시간을 어떻게 사용하는가는 인생에서 매우 중요하다. 회사 다닐 때는 회사 일정에 맞춰 움직이기에, 매 순간 무엇을 해야 할지 고민할 필요가 없다. 하지만 퇴사 이후의 삶은 시간이 무한정 주어진다.

온전히 내가 일정을 짜야 한다. 따라서 우리는 현재 회사를 다니면서 부지런히 시간 관리하는 법에 익숙해져야 한다.

직장 생활 6년 만에 퇴사를 감행한 L군은 이렇게 말했다. 직장 다니던 시절에는 항상 시간에 쫓기고 늘 시간이 부족했다고 말이다. 하지만 퇴사를 하고 난 다음 날부터 자신에게 주어진 시간이 너무 많아서 당황했다고 했다.

모두에게 시간은 공평하다. 하지만 어떤 이는 여유롭게 업무를 처리해서 칼같이 퇴근한다. 반면 어떤 이는 매일 늦은 시간까지 야근에 시달린다. 업무의 양이 다르다고 하면 할 말은 없다. 하지만 나는 지난 10년간의 회사 생활 동안, 근무 시간 내에 쉬지도 않고 전력 질주로 일하는 사람은 아직 본 적이 없다. 각자 '내가 회사에서 어떻게 시간을 보내고 있는지' 돌이켜볼 필요가 있다. 한정된 시간 내에서 빠르고 정확하게 업무를 처리하기 위해서는 현명한 시간 관리가 필수적이다.

***

시간 관리의 기본은 첫째, 개인 시간과 업무 시간을 명확히 구분하는 것이다. 과거 나는 주말에도 회사에서 연락이 올까봐 신경세포를 곤두세우고 살았다. 퇴근 후 회사 메일이나 메신저를 보기 위해서 스마트폰을 만지작거리는 것도 그냥 일상이었다. 돌아보면 나에게 1년 365일 24시간, 퇴근은 없었던 것 같다. 나 스스로 온전히 나만의 시간을 제대로 사용해본 적이 없었기 때문이다.

이건 아니다 싶었다. 그리고는 스마트폰에 있는 회사 메일과 메신저 어플을 모두 지워버렸다. 퇴근 후 회사에서 오는 연락은 최대한 받지 않았다. 며칠 동안은 불안했다. 그냥 불안한 정도가 아니라 짜증이 날 만큼 날카롭고 불안했다. 하지만 신기하게도 시간이 조금 지나자 마음이 아주 편하고 느긋해졌다. 나와 가족들을 위한 시간을 가지면서 '진짜 인생'이 시작되었다는 여유로운 느낌도 받게 되었다.

절대 회사 일을 집까지 가지고 오면 안 된다. 나 또한 처음부터 이러한 생각을 가지기는 쉽지 않았다. 하지만 회사의 삶과 나의 삶을 동일시해버리고 나면 온전히 나를 위한 삶을 위해 시간을 쓸 수 없다는 걸 깨달았다. 시간을 관리하는 훈련이 필요하다.

***

둘째로 매일 최소 1시간은 미래를 준비하는 시간으로 할당해야 한다. 온전히 자기 계발에 몰두하는 시간으로 사용해야 한다. 처음부터 거창할 필요는 없다. 우선 소소한 것부터 시작하는 것이다. 책을 읽는 것도 좋다. 가계부를 써보는 것도 좋다. 경제 신문을 읽는 것도 좋다.

나는 주로 책을 읽거나 글을 써본다. 이러한 시간이 누적되면서 출간의 기회도 얻을 수 있었다. 이러한 시간을 통해 나의 생활을 반성하고 미래를 준비하게 된 것이다. 하지만 여기서 주의해야 할 점은 그 시간 동안은 최대한 스마트폰을 봐서는 안 된다. 스마트폰은 편리하다. 하지만 편리한 만큼, 연예 기사나 스포츠 뉴스의 유혹도 크다. 따라서 미래 준비 시간에는 최대한 스마트폰을 멀리하는 태도가 필요하다.

셋째로 무조건 새벽에 일어난다. 회사원 보고 "새벽에 일어나."라고 하면 피곤한데 어떻게 새벽에 일어나느냐고, 말도 안 된다고 생각할 것이다. 과거 나도 그랬다. 그렇지만 우리는 우리 회사원의 삶을 좀 객관적으로 냉정하게 바라볼 필요가 있다. 일반적인 회사원의 삶은 이러할 것이다.

우선 오전 적당한 시간에 일어나 시간에 쫓겨 출근을 하게 된다. 몽롱한 상태로 오전 시간을 보낸다. 어느새 점심시간이다. 점심을 먹고 본격적으로 밀린 일을 시작한다. 자연스레 야근을 하게 된다. 야근을 하다 보면 회식의 유혹에 빠지기 쉽다. 회식을 마치면 늦은 저녁이나 밤이 된다. 늦게 퇴근해서 늦게 잠든다. 그리고 다시 몽롱한 상태로 하루가 시작된다. 이러한 악순환은 주말에까지 영향을 주게 된다.

이러한 악순환을 깨버려야 한다. 선순환의 시작은 새벽에 일어나는 것이다. 새벽에 일어나는 것 자체만으로도 얻는 게 많다. 그건 일어나본 사람만이 느끼는 것이기에 글로 표현하기 힘들다. 하지만 새벽 시간이 가장 생산적이고 창의적인 시간이라는 것은 부인할 수 없는 사실이다.

새벽에 일어나면 일단 하루를 남들보다 더 길게 사용할 수 있다. 여유가 생기기 마련이다. 회사에서 무엇을 해야 할지 계획하기 때문에 업무의 80% 정도를 오전 안에 끝낼 수 있다. 그러면 업무 시간 안에 거의 모든 일을 끝낼 수 있다. 그리고 남은 시간에 자기 계발이 가능하고 집에 일찍 퇴근하면 가족들과 화목하게 지낼 수도 있다. 그리고 일찍 자기 때문에 음주량 또한 감소할 수 있다. 새벽 시간에 책을 읽거나 자기를 위한 시간으로 갖는다면, 자신감이 넘치고 긍정적인 마인드로 변화하는 자신의 모습을 볼 수 있을 것이다.

마지막으로, 회사에서 자투리 시간을 활용하는 것이다. 점심 시간 동료들 간의 수다가 결코 나쁘다는 것은 아니다. 수다를 통해 다양한 화젯거리도 알고 좋은 정보도 얻을 수 있다. 가장 중요한 인간관계도 돈독해질 수 있다. 하지만 다만 1주일에 1번 정도는 점심시간을 온전히 나만의 시간으로 사용해보라고 말해주고 싶다. 나는 1주일에 최소 1번의 점심시간은 나를 위해 사용한다. 주로 홀로 산책을 하거나, 책을 읽는다. 이러한 자투리 시간이 쌓이면 많은 도움이 된다.

이렇듯 회사에 다니면서 개인 시간과 업무 시간을 구분하고 나를 위한 시간, 새벽 시간, 자투리 시간을 활용하는 것은 퇴사 후의 시간 관리에 있어서 매우 중요하다. 이러한 시간을 잘 활용해야 퇴사 후에 주어지는 너무나 많은 시간에 익숙해질 수 있음을 잊어서는 안 된다.

퇴사를 결심한 당신을 위한 한마디

"직업에서 성공의 길은 하나가 아니다. 하지만 당신은 최고의 길을 찾고 싶을 것이다. 당신에게 딱 맞는 일. 당신은 커리어 복권에 당첨되기를 원한다. 일처럼 느껴지지 않는 직업 또는 소명을 찾기를 원한다. 이 목표를 달성하기 위해서는 당신의 마음가짐과 전략과 행동을 변화시켜야 한다."

– 크리스 길아보, 『두 번째 명함』

회사원이 평생 직업이라 생각하지 마라. 평생 직장의 개념이 사라진 지 오래다. 2번째 3번째 직업을 갖는 게 당연해지는 시대가 되었다. 그런 의미에서 퇴사는 누구에게나 찾아오는 자연스러운 삶의 수순이 되어가고 있다.

새벽 시간에 책을 읽거나 자기를 위한 시간으로 갖는다면, 자신감이 넘치고 긍정적인 마인드로 변화하는 자신의 모습을 볼 수 있을 것이다.

04 경북 영주 '참나무골장작구이' 장재훈 대표

평범한 월급쟁이, 고향에 내려가 고깃집 사장이 되다

"뭐라고? 회사 때려치우고 고향 내려가서 고깃집을 차리겠다고?"

대학 동기인 재훈이가 입사한 지 5년 만에 내게 폭탄선언을 했다. 그토록 그가 원했던 회사였기에 그의 갑작스러운 퇴사 선언이 더욱 놀라웠다.

그는 입사 전에는 직장인의 삶이 평생 안정적일 거라 믿었다. 하지만 회사가 어려워지자 구조조정으로 힘없이 퇴출되는 선배들을 바라보며, 회사가 평생 나를 지켜주지 않은 것이라는 사실을 깨달았다. 그는 자신만의 능력을 키워야 한다고 생각했다. 그리고 그는 고향으로 내려가 고깃집을 하기로 결심했다.

그는 당장 퇴사를 하고 싶었다. 하지만 퇴사 후 버틸 수 있는 돈이 필요했다. 그리고 악착같이 종잣돈을 모았다. 회식 술자리도 미뤘다. 회사가 일찍 끝나는 날이면, 근처 도서관으로 달려가 창업 관련 서적을 닥치는 대로 읽었다.

하지만 단지 이론만으로 고깃집을 창업하는 것은 불안했다. 그래서 그는 유명 고깃집에 무보수로 취직했다. 고기 자르기 2개월, 주방 요리 2개월, 홀 관리 2개월, 도합 6개월간 고깃집 한 켠 쪽방에서 잠을 청하며 능력을 키웠다.

그렇게 노력한 끝에 그는 현재 경북 영주의 고깃집 사장이 되었다. 가게가 오랜 기간 유지되며 자리를 잡고 단골손님도 많이 생겨 매출은 꾸준히 증가하고 있다. 하지만 그는 아직 성공한 것이 아니라고 말한다. 그는 현재 오토바이를 타고 다니는 세계 여행을 계획하고 있다. 어쩌면 무모해 보일 수도 있다. 하지만 그는 여행 경험을 토대로 그만의 새로운 사업을 기획하려 하고 있다. 그는 여전히 시간이 날 때마다 새로운 아이템을 개발하고, 도서관에서 창업 서적을 읽고 있다.

그는 그의 가장 큰 성공 요인은 회사원 시절의 '철저한 시간 관리' 덕이라고 했다. 그는 퇴근 후 최소 1시간은 미래 준비 시간으로 사용했다고 했다. 그리고 공과 사의 구분을 확실히 했다. 이러한 노력의 시간이 쌓여 그만의 무기가 된 것이다.

4. 넷째: 최소 1년간 버틸 수 있는 '통장 잔고'

> 희망을 가지고 보다 나은 때를 위해 힘을 길러두라.
>
> – 바실리우스 (고대 로마의 시인)

입사한 지 2년 만에 퇴사를 감행한 K군이 있다. 퇴사 후 그의 목표는 공무원이었다. 그리고 그는 퇴사 후 곧장 공부를 시작하였다. 하지만 그의 의욕과는 달리 합격의 길은 멀고 험했다. 그는 몇 번의 낙방을 하게 되었다.

그는 2년 동안 모은 돈을 다 써버렸다. 몇 번 고민한 끝에 재

취업을 하게 되었고, 현재도 직장인이다.

회사 안은 감옥이지만 회사 밖은 지옥이다. 그만큼 회사 밖이 어렵다는 이야기다. 하지만 우리는 회사 월급에 너무 익숙해져 버렸다. 이러한 익숙함은 곧 자만심이 되어버렸다. 매달 들어오기에 돈을 너무 쉽게 생각하게 되었다. 월급은 늘 부족하다고 느끼게 된다. 하지만 퇴사를 하게 되면 이러한 월급이 간절해지는 상황이 찾아온다.

우선 돈을 모아야 한다. 회사 밖으로 나오기 위해서는 준비가 필요하다. 최소 1년간 수입 없이 버틸 수 있는 돈이 필요하다. 집을 사든, 공부를 하든 종잣돈이 있어야 한다. 나와 같이 결혼을 해서 한 가정의 가장이라면 더욱 더 퇴사를 할 때는 최소 1년간 버틸 수 있는 통장 잔고가 필요하다. 돈이 없으면 삶이 초조해진다. 초조해지기에 잘못된 판단을 하기 쉽다.

나 또한 직장을 쉬면서 돈이 없었던 적이 있다. 하필 그 당시는 아내도 돈을 못 벌던 시기였다. 월급이 안 들어오니 불안하고 초조했다. 달콤했던 신혼의 꿈도 순식간에 불안감으로 바뀌었다. 수입 없이 산다는 것이 얼마나 무서운 일인지 깨닫게 되었다. 그 뒤 우리는 소중함을 깨달았기에 악착같이 월급을 모으기 시작했다. 그리고 이러한 월급이 쌓여 종잣돈이 되었고 오늘날 우리가 살아가는데 큰 힘이 되어주고 있다.

우리는 퇴사라는 단어를 앞에 놓고 냉정하게 자신을 바라봐야 한다. 퇴사 후 한 달에 얼마를 벌 수 있는가에 대해 솔직하고 진지하게 고민하고 계산기를 두드려봐야 한다. 이건 친한 친구나 동료도 대신 고민해줄 수 있는 문제가 아니다.

"그래서? 너 퇴사 후에 스스로 얼마나 버틸 수 있는데?"

이렇게 물으며 길을 모색해줄 수 있는 사람은 단 한 명도 없다. 우리 사회는 아직도 '돈'과 '숫자'를 언급하는 것을 금기시하는 경향이 있다. 그건 스스로에게도 마찬가지인 것 같다. 자신을 과대평가하지도 과소평가하지도 말고 아주 객관적인 시각으로 능력을 계산해보라. 당장 세상에 홀로 덩그러니 남겨졌을 때 내가 버틸 수 있는지 고민해봐야 한다.

퇴사를 결심한 당신을 위한 한마디

"문제는 내가 회사 속에 있으면서도 독립된 개인으로 우뚝 설 수 있는가 하는 점입니다. 다시 말해, 내가 언제든 회사를 그만둘 수 있는가 하는 점입니다."

– 이나가키 에미코, 『퇴사하겠습니다』

회사가 우리 인생을 영원히 지켜줄 것이라 믿고 살지 마라. 직장 생활이 힘들다는 이유만으로 나가면 뭐라도 해 먹고살 수 있을 것 같다는 막연한 꿈을 버려라. 반드시 회사를 다니면서 제2의 인생을 도전해라. 기억해라. 사원부터 임원까지 누구에게나 마지막 출근 날은 있다는 것을.

05 글로벌 F&B 프랜차이즈 'A프랜차이즈' 최 사장

토종 음식으로 해외 시장을 개척하다

내가 요식업에 발을 디딜 수 있었던 건 최 사장 덕분이다.

최 사장은 모 기업 회계팀에 근무했다. 야근과 회식이 반복되는 탓에 가족들과 관계가 소홀해졌다. 이건 아니다 싶었다. 그리고 그날부터 그는 퇴사를 꿈꾸기 시작했다. 주말마다 친구와 사업 아이템을 발굴했다. 그리고 외국인 전용 카페를 차리기로 마음먹었다.

월급으로 모은 종잣돈을 가지고 지하 카페를 인수했다. 성공이라는 부푼 꿈을 안고, 외국인과 한국인이 자연스럽게 만나서 언어를 교환하고, 술도 마시는 공간을 오픈했다. 하지만 실패였다. 주말에 한두 테이블은 왔지만, 주중에는 전혀 장사가 되지 않았다. 1년을 버텼다. 버틸 돈이 떨어질 무렵, 그들은 문을 닫고 요식업에 도전하기로 했다. 그리고는 전국 유명 맛집을 돌아다녔다. 1년이 지날 무렵 그들은 예전 가게에 천막 간판을 붙이고 재오픈을 했다. 그렇게 노력한 끝에 주요 방송 프로그램에 맛집으로 소개되었고 소개되면서 그들은 많은 돈을 벌게 되었다. 그리고 그들만의 브랜드로 프랜차이즈 사업에 도전했다.

그들은 국내에서 소위 대박이 난 후 곧장 해외로 눈을 돌리고 있다. 학창 시절 중국어과를 졸업한 최 사장은 대만으로 매장을 확장했다. 대만에 현재 4개의 매장을 오픈했다. 그의 도전은 아직도 진행 중이다. 그는 망해봤기에 성공하는 법을 배웠다.

그는 프랜차이즈 사업의 성공 요인이 실패했을 때도 버틸 수 있는 통장 잔고였다고 말했다. 그는 만약 자신에게 카페 사업에서 망했을 때 버틸 수 있는 종잣돈이 없었더라면 아마 지금도 직장인의 삶을 살고 있었을 것이라 했다.

TIP

퇴사를 준비하는 당신에게 #2

퇴사 관련 가장 궁금한 질문 베스트 3

퇴사. 많은 직장인들에게 퇴사는 막막하고 두려운 단어이다. 누구나 그것을 느낀다. 회사가 우리를 평생 못 지켜줄 것이라는 것부터 일단 인정하자.

나는 오랜 시간 동안 퇴사에 대해 고민했다. 그동안 내가 스스로 품었던 몇 가지 질문에 답해보고자 한다.

1. 퇴사를 위해 무엇을 해야 하나요?

모든 직장인들은 퇴사를 늘 꿈꾸지만 돈, 가족 등 현실 문제에 봉착하게 되면 쉽게 결심하지 못한다. 따라서 퇴사를 빨리 해야 한다는 조급함부터 버려라. 퇴사하는 것은 결코 용기만 있어서 될 일이 아니다. 퇴사 결정은 누구에게나 쉽지 않다. 충분히 준비된 퇴사를 통해 '자신만의 능력'을 키우는 수밖에 없다.

첫째, 맹목적으로 회사를 사랑하지 마라. 회사에서의 성공이 내 인생의 성공이라 생각하지 마라. 나보다 먼저 진급한 사람을 부러워하지 마라. 미래를 객관적으로 바라봐라. 자신이 회사에서 성공할 수 없어 보이면 과감히 꿈을 접는 용기도 필요하다. 잃는 게 있어야 얻는 것도 있다.

둘째, 회사 밖에서 무엇을 할지 고민해라. 월급이 내일부터 안 나오면 무엇을 하면서 먹고살지 진지하게 고민해라. 고민만 한다고 답은 쉽게 나오지 않는다. 나도 그랬다. 답이 안 나오면 다양한 사람을 만나보는 것을 추천한다. 회사 밖 모임, 동호회, 강연 등에 참석해보는 게 좋다. 아래는 퇴사와 관련해 도움을 받을 수 있는 곳들이다절대 홍보성이 아니니 오해하지 말기 바란다..

1) 퇴사학교 (http://t-school.kr/)

퇴사 이후의 삶을 고민해볼 수 있는 공간이다. 난 직접 수업을 들어본 적은 없기에 강의의 질이 어떤지는 모르겠다. 다만 강의 제목만 봐도 흥미롭다. 월급 외 10만 원 벌기, 프랜차이즈 선택법 등 다양하고 매력적인 수업이 있어 보인다. 단, 대부분 유료이다. 세상에 공짜는 없다는 말을 믿는 사람이면 도전해볼 만할 것 같다.

2) 마이크임팩트 (http://www.micimpact.com/)

강연 전문 공간이다. 몇 년 전 나는 이곳에서 대학생을 대상으로 취업 관련 무료 강의를 했다. 주로 대학생들에게 인기가 많은 공간이기에 퇴사보다는 취업, 꿈과 관련된 강의가 많다. 하지만 인생, 문화, 예술 등 다양한 주제로 양질의 강의를 들을 수 있어 직장인의 삶에 활력을 줄 수 있어 보인다. 이 공간도 대부분 유료이다. 빠른 학습이 필요한 이는 이러한 공간을 이용해 보자.

3) 온오프믹스 (https://www.onoffmix.com/)

누구나 소모임 공간을 개설하고 참여할 수 있는 공간이다. 개인적으로 직접 개설할 수 있으므로 부동산, 재테크 등 주제가 자유롭다. 또한 전국 각 지역별로 소모임이 있기에, 지방에 거주하는 사람들도 쉽게 모임에 참가할 수 있다. 하지만 강사와 커리큘럼이 검증되지 않았기에 꼼꼼히 확인 후 수강해야 한다. 유료 모임도 있고 무료 모임도 있다.

4) 브런치 (https://brunch.co.kr/)

다음카카오에서 운영하는 좋은 글을 읽을 수 있는 공간이다. 특이한 점은 심사를 통과해야 작가로 글을 쓸 수 있다는 것이다. 작가 대부분이 평범한 일반인이기에 현실적인 내용을 다룬 글이 많다. 직장인의 삶, 퇴사 고민, 글쓰기 방법 등 충분히 도움이 되는 글이 많다. 나는 회사 자투리 시간에 자주 여기서 글을 읽는다. 공짜이기에 공짜를 좋아한다면 일단 앱을 깔아놓자.

5) 그 외 수많은 온 · 오프라인 공간

셀 수 없을 만큼 너무나 많은 온 · 오프라인 공간이 있다. 카페, 블로그, 유튜브 등 본인의 의지만 있으면 누구나 손쉽게 지식을 얻을 수 있다. 나는 블로그보다 카페를 선호한다. 블로그는 가입하지 않아도 볼 수 있지만 카페는 가입을 해야 글을 볼 수 있다. 그렇다 보니 주로 카페에 유료 강의들이 많다. 아직도 매일매일 올라오는 실시간 검색어만 찾을 것인가? 본인의 관심 항목을 정하고 계속 연구해보는 게 중요하다.

2. 퇴사는 언제 하는 것이 좋은가요?

정답이 없는 질문이다. 정답이 없다기보다 이미 본인들은 답을 알고 있다. 다만 퇴사라는 단어 앞에 자신이 없어 되묻는 것이다. 우리는 퇴사라는 단어 앞에서 솔직해질 필요가 있다. 우선 나는 진정 퇴사를 할 준비가 되어 있는지, 내 자신을 좀 더 객관적으로 바라볼 필요가 있다.

퇴사 후 수입 없이 버틸 수 있는 통장 잔고는 있는지? 퇴사 다음 날부터 무엇을 할지 꼼꼼한 계획은 있는지? 주위에서 직업이 없다고 불쌍한 눈빛으로 쳐다볼 때, 당당하게 살아갈 마인드는 갖추었는지 진지하게 생각해보아야 한다.

만약 나 자신이 준비가 안 되었다면 절대 퇴사하지 마라. 회사에서 최대한 버티며 퇴사 훈련을 해야 한다. 지금의 삶이 힘들다고, 퇴사 후의 삶이 멋져 보인다고 생각하는 즉흥적 퇴사는 100% 실패다.

나는 회사 밖 진짜 인맥을 만들기 위해 퇴근 후, 주말을 이용해 회사 밖 모임에 부지런히 참석하면서 인맥을 형성하고 있다. 시간 관리를 위하여 새벽 5시에 일어나 글을 쓰거나, 잠자는 시간을 아껴 내가 진행하고 있는 회사 밖 소소한 일들을 진행시키고 있다. 퇴사 후의 불안한 마인드를 이겨내기 위해 출근을 하면서 퇴사를 할 수 있다 생각하고 다니고 있다. 퇴사 후 월급이 안 나와도 버틸 수 있도록 돈이 나오게 만들고 있다.

하지만 아직 많이 부족하다. 그렇기 때문에 아직 퇴사를 실행하지 않았다. 월급이 나올 때 배우며 소소한 도전을 하고 있다. 나는 아직 시도해보고 싶은 게 너무 많다.

퇴사 시기가 중요한 것은 아니다. 조금 늦거나 빨라질 수도 있다. 가장 중요한 것은 내가 언제든 퇴사를 하게 되었을 때 내 자신이 능력을 갖추고 있는지의 여부이다. 나는 회사 마지막 출근 날에 동료들로부터 위로가 아닌 축하를 받고 싶다.

퇴사를 언제 하는 것이 좋은지는 이미 각자 답을 알고 있다. 답을 알고 있다면 문제를 풀지 말지는 각자의 몫이다.

3. 회사를 어떻게 다녀야 하나요?

회사에 절대 매달리지 마라. 맹목적으로 사랑하지 마라. 생계유지를 위해 월급을 받기 위한 공간으로 회사를 다닌다고 생각하지 마라. 회사를 회사 이후의 삶을 대비하기 위해 배우는 공간, 즉 학교라 생각하고 다녀라.

나는 매일 출근할 때 회사에서 3가지를 배운다고 생각한다. 결코 거창한 것이 아니다. 회의 시간에도 배울 수 있다. 동료들과 대화하면서도 배운다. 결코 대단한 것이 아니다. 예를 들면 엑셀의 단축키가 될 수도 있다. 회의 중 알게 된 영어 단어일 수도 있다. 나는 이런 것들을 간단히 수첩에 메모해둔다. 하루에 3개면 1년에는 780개의 새로운 것을 알 수 있다. 이러한 배움이 쌓이면 퇴사 후 나의 경쟁력이 된다. 돈을 주면서 가르쳐 준다니. 얼마나 회사가 고마운 공간인가?

연말에 받는 고과 점수에 연연하지 마라. 고과 점수는 우리의 인생 점수가 아니다. 대부분 회사원들은 진급과 인사고과에 연연한다. 고과 점수가 낮으면 좌절하고 괴로워한다. 나 또한 그랬다. 한동안 인사고과 점수에 연연한 적이 있다. 상사에게 잘 보이기 위해 눈치성 야근도 했다. 사람이 사람을 숫자로 평가하는 것은 객관적일 수가 없다. 또한 사람과의 관계에는 변수가 많다.

회사를 미련 없이 다녀라. 그렇게 하니 회사 눈치를 안 보게 되었다. 회의 시간에 눈치를 보지 않고 과감히 내 생각을 말했다. 미련이 없고 배운다는 생각을 가지고 출근하니 변화되는 내 자신을 발견했다. 업무가 즐겁기 시작했다. 그래야 회사도 잘되고 나도 잘된다.

퇴사. 나 또한 수많은 질문과 답을 하며 살아가고 있다. 명확한 답은 없다. 다만 누군가에게 끌려다니는 삶으로 살고 싶지 않다. 내가 가장 나 자신답게 사는 삶을 위한, 회사에 이끌리지 않는 온전한 나로 살아가기 위한 준비를 하고 있다. 이 글을 읽은 당신도 당장 고민하고 변화하고 시작해야 한다.

CAFÉ
KAHVIPUU
CAFÉ

Master Plan For Your Life

3장

성공적인 퇴사를 위해 '이렇게까지' 하라

- True Relationship
- Mind Control
- Time Management
- Cash Balance

1. 세상에 쓸모없는 배움은 없다고 믿어라

만약 당신이 한 번도 두렵거나 굴욕적이거나
상처 입은 적이 없다면,
그렇다면 당신은 아무런 위험도 감수하지 않은 것이다.
– 줄리아 소렐 (미국의 작가)

내가 어릴 적인 1980~90년대에 배움이란 신분 상승의 도구였다. 우리 부모님 세대는 더욱 그러했기에 '배워야만 산다'는 슬로건이 어느 집에서나 다 통했던 것 같다. 공부를 잘해서 좋은 대학에 입학해야 했다. 좋은 대학을 졸업하고 좋은 직장을 얻어야 했다. 좋은 직장을 얻으면 잘 먹고 잘 산다는 부모님들의 철석같은 믿음을 우리 세대로 고스란히 믿으며 살아온 것이다. 그런데 내가 그때의 부모님 나이가 되어 보니 가장 중요한 '왜' 배워야 하는지에 대한 목적을 잃어버린 채 '배움을 위한 배움'만을 강요받아 왔다는 생각이 든다.

나 또한 그런 믿음을 가진 부모님 밑에서 성장했다. 좋은 대학에 가서 좋은 직장을 다니는 것이 부모님께 효도하는 것이라 믿었다. 나는 노력했고 부모님 기대 속에 소위 누구나 알 만한 직장에 입사했다.

하지만 시간이 흐르면서 내 자신이 무엇을 하며 살아왔는지, 무엇을 하며 살고 싶은지 혼란스러웠다. 나는 아직도 무엇을 하고 싶은지, 내가 진정 원하는 삶이 무엇인지 찾아가는 것이 어렵다. 혼란에 대한 답을 찾기 위해 나는 무엇이든 배우고자 했다. 세상을 살면서 끊임없이 배워야 하고, 세상에 쓸모없는 배움은 없다는 믿음으로 살아가게 된 것이다.

공부는 시간제한이 있는 게 아니다. 데드라인도 없다. 긴 호흡을 하며 인생 공부를 해야 한다. 좋은 직장을 다니니 더 이상 공부할 필요가 없다는 건 잘못된 생각이다. 한 가지 길을 죽을 때까지 써먹을 수 있는 시대가 아니다. 직업 하나로 한평생을 버티는 시대는 더더욱 아니다.

누구나 인생에서 최소한 세 번 이상은 직업을 바꾸며 살아가는 시대이다. 이러한 전환기 때마다 방황과 위기를 겪지 않으려면, 지속적으로 배우는 것이 중요하다. 우리는 늘 스스로 공부할 줄 아는 사람이 되어야 한다.

***

내 주변에서 퇴사 후 성공한 사람들에게는 성격, 배경, 나이, 출신지는 전부 다르지만 한 가지 공통점이 있다. 그것은 '배움에 대한 열정이 남보다 10배는 뜨거운 사람들'이라는 것이다.

앞서 '완벽한 퇴사로 성공한 사람들'로 소개한 경북 영주의 고깃집 사장인 장재훈 대표. 그는 직장 시절부터 식당 성공을 꿈꾸었다. 그는 퇴근 후 시간이 날 때마다 유명하다는 고깃집을 찾아 다녔다. 직접 먹어보고, 어떻게 만들었는지 연구했다. 그리고는 회사를 그만두고, 전국에서 가장 유명한 고깃집에 취직했다. 고깃집 주방 쪽방에서 수개월간 살면서 고기에 대해 연구하고 또 배웠다.

서울 영등포 수입차 서비스 센터 대표가 된 홍영균 대표도 똑같이 배움이 중요하다고 믿고 살아가는 사람이다. 그는 회사를 그만두고 가장 유명한 카센터에 취직을 했다. 카센터 막내로 일하면서 하나부터 다시 배우기 시작했다. 퇴근 후에는 자동차 기술 자격증 취득을 위해 공부했다. 혼자 밤을 새워 분해도 하고 조립도 해보면서 기술을 익혔다.

중고등학교 시절의 공부보다 서른 넘어 하는 '어른의 공부', 즉 자발적인 공부를 하는 것이 무엇보다 중요하다. 이러한 자발적 공부는 우리의 남은 인생을 위해서 반드시 필요하다.

***

나는 세상에 쓸모없는 배움은 없다고 믿는다. 모든 지식은 서로 연결되기 때문이다. 이러한 배움을 통해서 우리는 성장해야 한다. 진정한 배움은 다양한 경험과 지식을 쌓음으로써 세상을 바라볼 줄 알고 만들 수 있는 능력을 키워내는 것이다.

성장의 핵심은 연속성이다. 지속적으로 다양한 경험을 하면서 배움이 연속적으로 진행될 때, 성장하는 삶이라고 말할 수 있다. 진정한 배움은 자기 경험을 연속적으로 바라보고 만들 수 있는 능력을 키워내는 데 도움을 준다.

세상을 바라보는 눈을 가지게 해준 인생 공부

나 또한 세상에 쓸모없는 배움은 없다는 믿음을 가지고 몸소 실천하고 있다. 나는 두 개의 석사 학위가 있다. 하나는 대학 졸업 후 취득한 공학 석사이고, 또 하나는 휴직하며 취득한 경영학MBA 석사이다. 혹자는 MBA는 한물갔다고 했다. 또 혹자는 굳이 잘 다니던 회사를 휴직하고 비싼 학비를 줘가며 공부를 했어야만 했냐고 묻기도 한다. 하지만 이러한 지속적인 공부가 내가 홀로 세상에 맞설 때 양손에 쥔 창검 혹은 방패가 되어주고 있다. 밑거름이 되었다. 그렇다면 내가 공부를 하면서 얻은 것은 무엇일까?

첫 번째로 공부는 내가 세상을 바라보는 관점을 바꿔주었다. 즉 종업원이 아닌 사장의 관점에서 세상을 바라보게 되었다. 수많은 사례를 통해 어떠한 상황에서 어떠한 결정을 할 것인가에 대하여 고민하게 해주었다. 이 훈련을 통해 나는 비즈니스 감각을 얻게 되었다. 예를 들면 나는 식당에 가면 메뉴보다는 식당의 매출과 손익에 관심이 많다. 이는 내가 창업을 하는 데 큰 밑거름이 되어주었다.

두 번째로 다양한 분야에 관심을 가지게 해주었다. 나는 세상을 살아가면서 직장인으로서 내가 늘 보고자 하는 곳만 보며 살았다. 하지만 공부는 나를 교육업, 금융업 등 관심이 없던 분야에도 관심을 가지게 해주었다. 이러한 과정을 통해서 나는 다양한 분야에 관심을 가지게 되었다. 경제 신문을 읽기 시작하였고, 새로운 분야의 사업에 관심을 가지게 되었다. 이는 내 회사 업무는 물론이거니와, 교육업 창업 및 부동산 투자에 밑거름이 되어주었다.

세 번째로 나는 마케팅, 재무 등 살아가는 데 필요한 다양한 실질적인 기술을 배웠다. 나는 마케팅 수업을 들으며, 내 자신을 마케팅 하는 법도 배웠다. 재무 수업을 들으며, 내 인생의 재무 상태를 평가해보았다. 나는 현재 회사 내에서 마케팅 전문가로 신입 사원에게 마케팅 강의를 진행하고 있다. 추가로 토론 및 발표 연습을 통해서 사람을 설득하는 방법을 배웠다. 이러한 경험으로 살아가면서 남을 효과적으로 설득하는 능력까지 배울 수 있었다.

그리고 나는 회사 밖 나만의 '진짜 인맥'을 형성할 수 있었다. 다양한 분야의 사람을 만나면서, 평생 함께 살아갈 친구들을 만나게 되었다. 밤을 새워 같이 토론도 하고, 그들과 함께 여행도 떠났다. 또한 선후배들이 생기면서 다양한 모임이 생겼고, 다양한 분야에서 근무하는 모습을 보면서 회사 밖에서의 삶을 기대하고 꿈꿀 수 있게 되었다. 나는 언젠가 서로에게 도움의 손길을 줄 수 있는 '진짜 인맥'을 얻게 되었다.

***

2000년대 초반에는 경영학 석사는 인기가 많았다. 그래서 한때 직장인 사이에서는 퇴사 후 MBA에 입학하는 것이 붐이던 시절도 있었다. 졸업을 하면 수억 원 연봉을 제안 받았다. 그런 달콤한 꿈을 이룬 사람도 있지만, 나와 같이 평범한 삶을 살아가는 사람도 있다.

MBA와 관련한 호불호가 많다. 난 고액 연봉을 바라는 것은 아니었다. 다만 끊임없는 공부를 통해서 세상을 바라보는 눈을 가지고 싶었다. 이러한 다양한 생활 속에서 나만의 인생관을 가질 수 있게 된 것이다. 학위는 써먹고 안 써먹고가 중요한 게 아니다. 퇴사 준비의 핵심은 공부, 공부, 끝없는 공부라는 것을 말하고 싶다. 이러한 배움을 통해서 우리는 성장해야 하고, 진정한 배움이란 다양한 경험과 지식을 쌓음으로써 세상을 바라볼 줄 알고 만들 수 있는 능력을 키워내기 위한 과정인 것이다.

나는 몇 년 전부터 부동산 공부를 시작했다. 배우기 전까지만 해도 부동산에 관해서는 완전히 까막눈이었다. 나는 한동안 무작정 퇴근하면 부동산 관련 강의를 들으러 다녔다. 또한 부동산 경매 학원을 수강하면서 경매에 도전하기도 했다. 이러한 배움을 통해 나는 상가에 투자를 하게 되었고, 현재 내가 투자한 상가 수익률은 약 200%를 넘어가고 있다.

처음에는 모든 배움은 지루하다. 꿈의 첫 단계는 참 느리게 진행된다. 우리는 느림의 미학을 견디는 것이 얼마나 어려운지 알고 있다. 하지만 진짜 내 삶의 목적을 이루기 위해서 진짜 인생 공부를 하며 꿈에 한 발자국씩 다가가면서 끈기와 내공을 쌓아야 한다. 공부를 하다 보면 진정 자유로워진다. 배우는 순간은 삶의 어떤 순간보다 값지고 행복하기 때문에 나는 오늘도 배움 속에서 살아간다.

퇴사를 결심한 당신을 위한 한마디

"발걸음이 작다 해도, 그 발걸음이 이룬 것은 작지 않다. 비록 작은 것으로 시작했지만 그 끝은 결코 작지 않다."

– 로버트 마우어, 『아주 작은 반복의 힘』

최대한 작고 구체적인 목표를 세워야 한다. 크고 구체적이지 않은 목표는 이루기 어렵다. 예를 들면 '올해 퇴사를 해야겠어.', '나만의 가게를 차려 창업을 할 거야.' 등의 구체적이지 못한 목표는 실패하기 쉽다. 최대한 소소한 목표를 여러 개 세워보는 게 낫다.

배우는 순간은 삶의 어떤 순간보다 값지고 행복하기 때문에 나는 오늘도 배움 속에서 살아간다.

06 유아용 아이템 '비클립(beclip)' 개발자 ㈜프론텍 백민건 팀장

대기업 연구원에서 유아용 대박 아이템을 개발하다

회사에서는 다양한 사람들과 만난다. 그렇게 알게 된 개발팀 출신 백 책임. 선한 이미지, 차분한 성격. 꼼꼼한 일처리. 그는 회사에서 촉망받는 개발자였다. 그러던 그가 어느 날 돌연 내게 퇴사를 선언했다.

그가 퇴사를 결심한 건 5년 전 미국 연구소와의 미팅 때였다고 한다. 미국의 유연성 높은 개발 환경뿐만 아니라, 제품과 서비스에 대한 가치와 철학을 자유롭게 이야기하는 문화가 그는 부러웠다. 그리고 그는 획일화된 대기업 제품이 아니라, 그만의 가치를 담은 제품을 개발하기로 결심했다.

그는 회사를 다니며 부지런히 신규 아이템 발굴에 매진했다. 업무도 신규 사업 쪽으로 자청했다. 새로운 일을 시작하기 위해서 가상의 회사를 머릿속에 그리고 실제처럼 일하려고 노력했다. 그에게 일상적인 퇴근길은 새로운 미래를 향해 내딛는 새로운 출근길인 셈이었다.

우선 잠을 줄여야 했다. 사업 아이디어를 작성하다 새벽 2시를 넘기는 일이 빈번했다. 일요일 저녁은 더 이상 휴식의 시간이 아니었다. 그렇게 5년 동안 실천했다고 했다. 그렇게 100개의 아이디어가 나왔지만 대부분이 사업성이 부족하거나, 실현 불가능했다. 수백 번의 실패를 반복한 끝에 자신의 가치를 담은 제품을 출시했다.

그리고 그는 종잣돈을 모으기 위해 크라우드 펀딩을 통해 그의 제품을 출시했다. 크라우드 펀딩은 그에게 큰 이정표였다. 소비자들은 그의 제품을 목표 비용의 7배가 넘게 구매해주었고 성장을 위한 비판과 격려를 해주었다. 그는 해외 전시회를 통해 비즈니스 인연을 만들어갔고, 지금은 일본에 수출 중이다. 곧이어 북미, 유럽 수출을 추진하고 있다. 얼마 전 연락한 그는 1년간 공들인 인공지능 '비캠bcam'을 곧 출시한다고 전해왔다.

백 팀장은 돌이켜보면 그가 성공할 수 있었던 가장 큰 요인은 '회사를 잘 이용한 덕'이라고 했다. 회사 업무를 하면서 새로운 아이디어 구상은 물론, 상품화 노하우를 알게 되었다고 했다. 그에게 회사는 단순히 월급을 받기 위한 곳이 아니었다. 자기의 아이디어를 현실로 만들어줄 수 있는 좋은 학교였던 것이다.

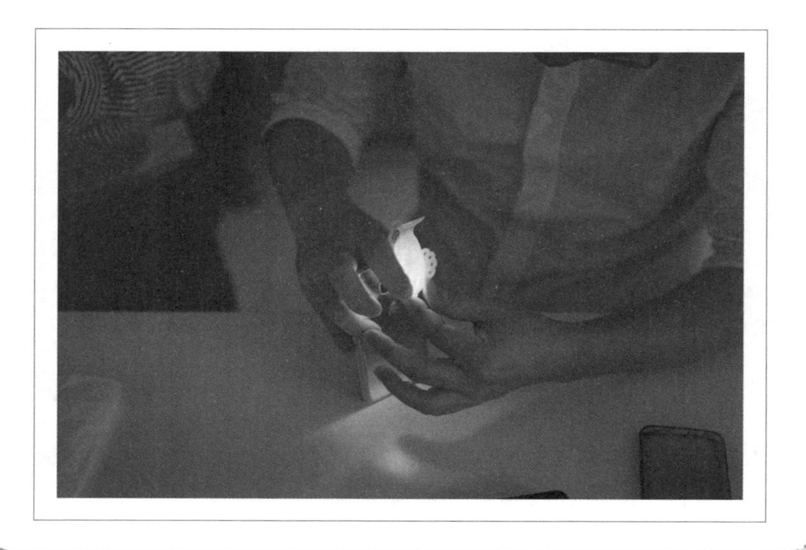

2. 창업은 월급 나올 때 해보는 것이다

조금도 위험을 감수하지 않는 것이
인생에서 가장 위험한 일일 것이라 믿는다.
– 오프라 윈프리 (미국의 방송인)

며칠 전 대학 동창 P에게 연락이 왔다. 요새 회사 일이 힘들다고 한다. 퇴직금과 모은 돈으로 아담한 커피숍을 하고 싶다는 이야기였다. 하지만 그는 아무런 구체적인 준비가 없어 보였다. 그냥 현재의 회사의 삶이 싫다는 것이었다. 내가 답해준 결론은 냉정하리만큼 짤막했다.

"친구야, 회사 안은 전쟁터지만, 회사 밖은 지옥이야. 최대한 버텨라."

이 말과 함께 소주 한잔을 사주면서 돌려보냈다.

나와 같은 직장 나이 40세. 이쯤이면, 직장의 고용 불안과 미래에 대한 고민이 시작되는 시기이다. 고민 속에서 자연스럽게 이런 생각이 솟구친다.

"회사 때려치우고 장사나 해볼까?"

나 또한 이런 생각으로 자영업을 쉽게 시작했다. 직장 일처럼 열심히만 하면 수입이나 일자리가 유지될 것이라는 자만감. 내가 사장이니, 쉬는 시간도 자유롭게 조절하면서, 직장 생활보다 자유를 느끼며 살 것이라는 달콤한 미래에 대한 상상. 하지만 나는 떡볶이집 사장이 되면서부터 이상과 현실이 다르다는 것을 알게 되었다.

***

2016년 한 해에 우리나라 치킨집 기준 하루에 매일 10개 매장이 개업하고, 그중 7개는 문을 닫는다는 통계 결과가 있다. 최근에는 경제 상황이 더 안 좋아졌으니 7개보다 더 많아졌을 수도 있다. 이러한 통계를 실감 못 하겠다면, 주위의 가게를 잘 살펴보라.

작년 이맘때 그 점포에는 어떤 가게가 있었는지? '임대 문의'라는 문구가 있는지? 안 망했다고 치자. 하지만 통계청 조사에 따르면, 치킨집의 평균 영업 이익이 2,360만 원, 즉 월 2백만 원 수준으로 번다고 한다. 이는 중소기업 신입 사원 평균 연봉 수준밖에 안 되는 현실이다.

하지만 이러한 현실에서도 계속 창업에 도전하는 이유는 무엇일까?

간단하다. 직장을 다니다가 나오면 할 것이 없다. 월급에 익숙해져서 몇 년을 살았는데 막상 나오면 스스로 할 줄 아는 게 없다. 그렇다고 아무것도 하지 않고 살 만큼 직장 다니면서 벌어놓은 것도 없다. 그래서 끝내는 창업 박람회를 돌아다니다가 달콤한 프랜차이즈들의 유혹에 넘어가, 남은 퇴직금을 날려버리는 게 오늘날 우리 직장인의 새드엔딩인 것이다. 퇴직금 1~2억 날리는 건 순식간이다.

창업을 해보고 싶다면 반드시 회사를 다니면서 시간과 월급이 나올 때 한 번 정도 해봐야 한다. 전혀 경험 없이 은퇴를 고작 1년 앞두고 창업을 한다고 마음먹으면 거의 백 퍼센트 실패할 것이다. 소위 '묻지 마' 창업이 될 가능성이 있기 때문이다. 또한 퇴직금으로 창업을 했다가 자칫 실수로 날린다면 회복이 불가능하겠지만 지금 회사에서 월급이 나오는 시절에 창업을 하면 실패하게 되더라도 다행히 월급을 통해서 극복할 수 있다.

그래서 나는 도전하고 경험하기로 했다. 지금부터는 내가 처음으로 도전했던 요식업 창업 스토리와 성공과 실패, 그로 인하여 얻은 것들과 잃은 것들을 적어보고자 한다.

***

'떡볶이집 사장 되기' 프로젝트!

나는 예전부터 요리하는 게 좋았다. 특별히 전문적으로 배운 적은 없었지만, 내가 만든 음식을 가족들이 맛있게 먹어주는 것 자체가 즐거웠다. 이러한 즐겁고 소소한 재미가 나만의 작은 식당을 차려보고 싶다는 생각으로 이어지게 되었고, 내가 요식업에 발을 들여놓는 계기가 되었던 것 같다.

어느 날 우연한 기회에 친척 형으로부터 연락이 왔다.

친척 형은 얼마 전에 다니던 회사가 어려워져 권고사직을 당하셨다고 했다. 그리고 오랜 시간 방황했다고 했다. 하지만 가족을 부양해야 했기에 요식업 창업을 고민하고 계셨다. 그의 퇴직금만으로는 식당을 차릴 여력이 없기에, 나에게 도움을 요청하였다. 나는 직장을 다니고 있었기에 창업이 망설여졌다. 하지만 그의 모습이 나의 미래 모습이 아닐 것이라는 보장이 없었다. 오히려 좋은 기회라는 생각이 들었다. 나는 그를 돕기로 결심했다.

회사에 다니면서 창업 경험은 필요하다고 예전부터 느꼈다. 하지만 회사의 월급 생활에만 익숙한 나는 '창업'이라는 단어 앞에서 어디서부터 시작해야 할지 몰랐다. 나는 퇴근 후 창업 관련 서적을 닥치는 대로 읽기 시작했다. 주말에는 시간을 내서 창업 박람회에 열심히 참석했다.

가족이나 지인들은 굳이 안정적인 회사가 있는데, 어려운 요식업을 시작하는 나를 이해하지 못했다. 하지만 나는 알았다. 회사가 내 인생 평생을 지켜주지 못한다는 사실을.

그렇게 창업이라는 것을 고민한 지 세 달의 시간이 흘러가고 있었다. 그러던 와중에 창업 박람회를 돌아다니다, 우연히 S떡볶이를 알게 되었다. S떡볶이는 오랫동안 끓이다 퍼주는 일반 떡볶이와 달리, 중화요리 기법을 이용해 맛을 낸 독특한 떡볶이였다. 보자마자 이렇게 생각했다.

'바로 이 아이템이야!'

그리고 앞서 말한 프로퇴사러인 A프랜차이즈 대표 최 사장과 가맹 상담을 시작했다. 그는 내 나이 또래였고 전에는 나처럼 평범한 회사원이었다고 했다. 하지만 어느 순간 회사가 그를 평생 지켜주지 못할 것이라는 생각이 들었다고 했다. 친한 친구와 함께 대학교 근처에 커피숍을 차렸고 보기 좋게 1년도 안 되어서 망했다고 했다. 그 후 1년 동안 유명한 맛집을 돌아다니며 아이템을 발굴한 끝에 중화풍의 떡볶이를 개발하였다고 했다.

그렇게 그는 망한 카페 자리에 천막으로 된 간판을 내걸고, 떡볶이를 팔기 시작했다고 했다. 그리고 소위 대박을 치면서 사람들이 줄을 서서 먹고 있고, 프랜차이즈 사업을 추진하기로 하면서 가맹점을 모집하기 시작했다고 했다.

일단 그의 말에 믿음이 생겼다. 하지만 그의 말이 사실인지 확인이 필요했다. 형과 함께 그의 가게로 찾아갔다. 그의 말대로 이른 저녁 시간, 지하에 위치한 가게는 손님들로 인산인해를 이루고 있었다. 대박 아이템이라는 생각이 들었다. 그 뒤 몇 번의 만남 이후 가맹 계약을 맺었다.

백종원도 부럽지 않은 대박집 사장이 되다

아이템은 선정하였기에 다음 날부터 점포 자리를 알아보기 시작했다. 점포 위치는 자주 드나들 수 있도록 집과 직장의 중간 지점에 선정했다. 퇴근하면 곧장 부동산을 찾아갔다. 유동인구가 많고 목이 좋은 곳은 권리금이 너무 비쌌다. 투자할 엄두가 나지 않았다. 저렴한 지하로 자리를 잡으려고 하니, 환기가 안 되고, 빛이 안 들어와 망설여졌다.

그렇게 고민하던 끝에 2층 일본 선술집 자리를 덜컥 계약하게 되었다.

무식하면 용감하다고 했던가? 그 당시엔 아무것도 몰랐다. 지금 생각해봐도 2층에 떡볶이집을 차린다는 것 자체가 엄청난 모험이었다. 2층을 선택하게 된 가장 큰 이유는 매장 인테리어가 예뻤다는 게 전부였다.

그렇게 가진 돈을 모두 털어 점포 계약을 했다. 계약을 하고 나니 걱정에 잠이 오지 않았다. 막상 저지르기는 했지만, 여태껏 모은 전 재산을 투자하였기에 두렵기도 했다. 그나마 다행인 것은 매달 들어오는 월급이 있다는 것이었다. 혹시 망하더라도 월급이 있으니 버틸 수 있겠다는 생각뿐이었다.

이제 인테리어를 해야 했다. 대부분의 프랜차이즈는 이미 정해진 매장 인테리어 스타일이 있었지만, A프랜차이즈는 아무런 체계가 없었다. 우리 스스로 디자인을 해야 했다. 그리고는 인터넷을 찾아 인테리어 업체를 수소문했다. 그러던 와중에, S인테리어 업체와 상담을 했다. 우선 S인테리어 대표에게 몇 개 아이디어를 제안 받고, 내 아내가 디자인을 추가했다. 그렇게 우여곡절 끝에 인테리어를 했다.

하지만 창업은 산 넘어 산이었다. 인테리어가 해결되자 그 다음으로 주방 설비, 집기, 탁자 등 물품을 구입해야 했다. 주말에는 피곤한 몸을 이끌고 싼 곳을 찾아 부지런히 발품을 팔아야 했다. 그렇게 준비 과정이 끝났고 본격적인 인테리어 공사가 시작되었다. 막상 점포를 선택한 가장 중요한 이유였던 일본 선술집의 인테리어는 전혀 재활용하지 못한 채 모두 사라졌다.

그리고는 한 달간 모든 공사가 이루어졌다. 나는 한 달 동안 매일 퇴근하고 곧장 가게로 출근했다. 몸은 만신창이였지만, 성공해야겠다는 생각뿐이었다.

그리고 오픈 전날 밤. 기대감에 부풀며 첫 장사 연습을 해보기로 했다. 주방 실장의 첫 요리가 시작됐고, 첫 요리가 완성될 무렵에 우리는 혼돈에 빠졌다. 음식 연기가 매장에 가득 찬 것이다. 문제를 확인해보니, 환풍기가 불량이어서 음식 연기가 밖으로 빠져나가지 못하고 있었다. 급하게 인테리어 업체에 전화를 했다. 밤이 새도록 환풍기를 고쳤다.

그렇게 나의 개업 첫날이 밝아오고 있었다.

우여곡절 끝에 오후부터 첫 장사를 시작했다. 한 시간이 지났다. 아무도 오지 않았다. 초조해지기 시작할 무렵 첫 손님이 들어왔다. 나도 모르게 고개를 숙이며 인사했다. 아니 절이라도 해주고 싶을 만큼 고마웠다. 아마 평생 잊지 못할 것이다.

그 후 거짓말처럼 손님들이 몰려들기 시작했다. 한두 테이블이 차더니 불과 몇 시간이 안 되어서 가게 안에 사람이 꽉 찼다. 신기하게도 별도로 광고를 하지 않았는데도 사람들이 몰려들었다. 그렇게 장사 첫날을 마감했다.

첫날은 소위 '오픈빨'이라고 믿었다. 하지만 첫날 하루 매출 100만 원을 시작으로 매출은 점점 증가했다. 조용하기만 했던 2층 일본 선술집 복도는 손님들로 넘쳐났다. 주말에는 가게 문을 열기도 전에 줄을 서는 사람까지 나타났다.

소위 대박을 치게 된 것이다. 회사는 열심히 일해도 월급이 똑같았지만, 가게는 내가 노력하는 만큼 돈을 벌 수 있었다. 회사 밖에서 돈 버는 것, 그리 어렵지 않다는 자만심마저 들기 시작했다.

퇴사를 결심한 당신을 위한 한마디

"정말 하고 싶은 일을 하세요. 신이 기뻐하시며 성공의 문을 열어주실 것입니다. 당신의 나이가 이미 80이라 하더라도요. 사람들은 늘 '너무 늦었어.'라고 말합니다. 하지만 사실은 '지금'이 가장 좋을 때입니다. '좋아하는 일을 천천히 하세요. 삶이 재촉하더라도 서두르지 마세요."

– 애나 메리 로버트슨 모지스, 『인생에서 너무 늦은 때란 없습니다』

늦었다고 생각할 필요가 없다. 지금부터 하면 된다. 우리에게 가장 큰 리스크는 '아무것도 하지 않는 것'이다. 내가 스스로 주인이 되어 살기 위해서는 회사의 월급이 나올 때 부지런히 도전해야 한다.

3. 프랜차이즈, 쉽게 시작하지 마라

> 시련이 없다는 것은
>
> 축복받은 적이 없다는 것이다.
>
> – 에드거 앨런 포 (미국의 작가)

시간이 지날수록 손님은 넘쳐났다. 종업원들이 힘들다는 불만이 가득했다. 나는 주방 인력을 기존 2명에서 5명으로 늘렸다. 홀 서빙 인력도 1명 더 추가해 3명으로 돌렸다. 직원 식사 시간이 되면 무조건 신용카드를 주면서 사먹고 오라고 했다. 힘들어하는 직원들에게 비싼 커피를 사서 먹이면서 다독였다.

하지만 그때는 몰랐다. 내가 번 돈이 모두 인건비로 빠져나가고 있다는 사실을.

그리고 아마도 장사를 시작한 지 6개월째부터 난 욕심이 생기기 시작했다. 어쩌면 욕심이라기보다 자만심에 가득 찼던 거 같다. 곧장 2호점을 내야겠다고 생각했다. 그때부터 인근 지역에 가게 터를 보러 다니기 시작했다. 이미 자만심에 가득 찼기에 2호점 정도도 가뿐히 성공할 수 있을 것이라 생각했던 것이다.

그리고 2호점을 덜컥 계약하게 되었다. 자금이 부족했기에 조금 외진 곳에다가 자리를 잡았다. 하지만 나의 자만심 앞에 장소 따위는 문제가 되지 않았다. 그렇게 우리는 1년도 되지 않아 2호점을 열었다.

하지만 너무 회사 밖의 생활을 만만하게 봤다. 1년 동안 매출은 꾸준히 증가했는데 남는 게 없는 기분이 들었다.

'아차!' 싶었다. 세부적으로 돈을 따져보기로 했다. 계산해보니, 너무나 직원을 많이 고용한 것이 문제였다. 인건비가 과다하게 지출되고 있었다. 게다가 재료비 비중이 너무 높았다.

조급한 마음에 인건비를 줄이기로 결정했다. 직원 반절을 내보냈다. 그리고 재료비도 줄이기로 결정했다. 프랜차이즈에서 공급받던 물량을 직접 대형 마트를 돌아다니며 구입해 나르기 시작했다. 그렇게 원가를 줄이면서 상황은 나아지게 되었다.

하지만 누군가 그랬다. 불행은 몰아서 온다고. 갑자기 매출이 줄어들기 시작했다. 알고 보니 가게 근처에 비슷한 종류의 떡볶이집이 들어선 것이었다.

우선 2호점 매장이 급격히 타격을 받았다. 결국 우리는 6개월 만에 2호점을 닫아야만 했다. 그리고 1호점마저도 못 버틸 위기에 처했다. 인원을 줄이고 원가를 줄여봤지만 버티기 데에는 한계가 있었다. 오픈한 지 2년 만에 성공 신화의 막을 내리게 된 것이다.

***

요식업 창업은 놀이동산에서 롤러코스터를 타는 것과도 같다. 나는 요식업을 하면서 2년 동안 천당과 지옥을 경험했다. 연 매출 5억 매장을 운영하는 대박집 사장에서, 하루아침에 모든 것을 잃은 빈털터리가 되었다.

이제 나는 퇴사 후 너무 쉽게 요식업을 하겠다고 나서는 사람이 있다면 극구 말리고 싶다. 1년 안에 퇴직금 몇 억 날리는 건 일도 아니다. 그만큼 요식업 창업은 쉽지 않다. 그래도 퇴사 후 굳이 요식업에 도전하겠다고 한다면, 내가 망한 이유를 내 나름대로 분석해본 결과를 알려주겠다.

첫째, 나는 너무 유행에 민감한 아이템을 선택했다. 우리나라의 요식업은 유행에 매우 민감하다. 따라서 '이 가게만의 곰탕

맛을 내는 3대째 내려오는 비법' 같은 것 없이는 성공하기 쉽지 않다. 특히 '묻지 마' 식의 유행에 민감한 프랜차이즈를 선택했다면 백전백패일 것이다. 불과 몇 년 전에 유행했던 음식점 브랜드가 지금도 그 자리에 있는지 확인해보면 금방 깨닫게 될 것이다.

둘째, 나는 너무 프랜차이즈를 믿었다. 프랜차이즈를 선택하는 것은 장단점이 분명 있다. 하지만 프랜차이즈는 본사에 돈을 바치고 시작하는 것과 같다. 우리는 경험이 없었고, 창업의 두려움이 있었기에 유명 프랜차이즈를 선택했다. 어쩔 수 없는 선택이었다. 결국 돈을 버는 것은 프랜차이즈 본사일 것이다. 우선 프랜차이즈 가맹점이 되면 가맹비, 교육비로 몇 백만 원을 지출한다.

그리고 인테리어도 본사에서 지정한 곳에서 한다. 또한 물품, 재료비 등을 본사를 통해서 구입해야 하고, 일정 수수료까지 매달 가져간다. 그리고는 프랜차이즈는 근처에 계속 매장을 오픈하기 때문에 제 살 깎아 먹다가 끝내는 문을 닫게 되는 것이다. 굳이 프랜차이즈를 선택하게 된다면 최대한 유행 전, 매장이 전국적으로 퍼지기 전, 초기에 들어갔다가 바짝 돈을 벌고 빠져야 한다. 프랜차이즈를 선택하기 전에 전국에 몇 개의 매장이 있는지부터 꼭 확인해야 한다.

셋째, 나는 손익은 무시한 채 매출에만 신경 썼다. 하루하루 매상에만 신경쓰다 보니, 얼마나 남는지 무심했다. 인건비를 너무 많이 썼다. 소위 대박집을 보면 가족들이 모여서 운영한다. 가족들은 힘들어도 가족이니 참고 견딘다. 하지만 남을 쓰면 조금만 힘들어도 월급을 올려달라거나, 그냥 하루아침에 나가버린다. 특히 음식을 주방 실장에게 의존하다가 주방 실장이 하루아침에 그만두게 되면 더욱 난처할 것이다. 때문에 주인도 음식을 할 줄 아는 건 기본이고, 인건비를 절감하며 가족들과 함께 힘을 합쳐서 장사를 해야 하는 것이다.

나는 인생 수업료를 내고 성공과 실패를 경험해보았다. 지금 생각해보면 이런 실패 속에서도 나에겐 월급이 있었기에 쉽게 회복할 수 있었다.

퇴사를 결심한 당신을 위한 한마디

"당신이 누군가를 도와줄 때마다 준만큼 받는다는 원칙을 고집하면 인맥은 훨씬 더 좁아질 수밖에 없다."

– 애덤 그랜트, 『기브 앤 테이크(Give and Take)』

회사 안이든 밖이든 인맥은 중요하다. 하지만 인맥을 내가 얻어가기만 하는 용도로 활용해서는 안 된다. 내가 가진 정보를 주고받으며, 서로 간의 정보 공유가 이루어져야 한다. 그래야 만남이 더욱 풍성해지면서 좋은 인맥이 유지될 수 있는 것이다.

4. 지식 창업이라면 일단 시작해라

근면과 기술로 불가능한 것은 없다.

위대한 작품은 힘이 아니라, 인대로 일궈진다.

– 사무엘 존슨 (영국의 시인)

퇴사를 준비하면 자연스럽게 많은 사람들은 창업이라는 단어를 떠올리게 된다. 하지만 반드시 돈이 있어야만 돈을 벌 수 있는 것은 아니다. 과거 인터넷이라는 매개체가 없던 시대에는 '지식의 양量'이 중요했다. 즉, 많이 아는 것이 중요했다. 과거에는 궁금한 것이 생기면 도서관에 직접 찾아가야 했다. 책을 빌리고 내용을 찾아야 하는 등 많은 시간과 노력이 필요했다.

하지만 스마트폰이 등장하면서 세상이 바뀌었다. 무엇이든지 궁금할 때 스마트폰에 몇 글자만 입력하면 단 몇 초 만에 모든 궁금증이 해결될 수 있다.

누가 많이 아는 것은 중요하지 않다. 지식을 누군가에게 쉽고 재미있게 전달하는 것이 돈이 되는 세상이 도래했다. 누구에게나 지식이 평등한 시대가 되었다. 양보다는 '지식의 질(質)'이 중요한 시대다.

이러하다 보니 양질의 지식이 돈이 되는 시대가 되었다. SNS, 블로그나 페이스북, 유튜브 등 소셜 네트워크를 통한 타인과의 소통이 활성화되면서 콘텐츠가 중요해졌다. 이 같은 지식콘텐츠를 다양한 방식으로 가공해서 돈을 버는 일명 '지식 창업', '1인 기업', '콘텐츠 크리에이터Contents Creator'라는 단어가 생겨나게 된 것이다.

지식이라는 것이 대단한 것이 아니다. 우리 모든 개개인은 인생을 살아가면서 각자 다양한 경험을 하며 살아간다. 이러한 경험들이 자신에게는 하찮을지 모르지만, 나의 소소한 경험이 필요한 사람들은 분명히 있다. 이런 소소한 노하우Know-How가 돈이 될 수 있는 것이다.

이러한 것들이 굳이 대단할 필요도 없다. 예를 들면 자동차 싸게 사는 방법, 체중을 줄이는 법, 빚을 줄이는 방법, 부동산 경매 낙찰 받는 법, 김장 김치 맛있게 만드는 법 등과 같이 소소한 경험들이 나만의 중요한 지식 아이템이 될 수 있다는 것이다.

위와 같은 이유 때문에 평범한 직장인, 가정주부들이라도 누구나 1인 기업가가 될 수 있는 것이다.

***

내가 아는 대표적인 지식 창업 1인 기업가는 성신여대 겸임 교수이며 취업계의 스타 강사인 이시한 교수님이다.

그는 모 대학교 국문과 출신이다. 글을 읽고 쓰는 게 좋아 박사 과정에 진학했고, 아르바이트로 대학원 학비를 벌어볼 생각으로 논술을 가르치기 시작했다. 워낙 가르치는 것을 좋아해서 그런지 학생들 반응이 좋았다. 자신감이 생기면서 이왕 가르칠 거면 '최고의 강사가 되자.'라고 다짐했다.

단순 입시용 논술 강의는 한계가 있었다. 차별화된 강의를 구상했다. 강의가 없는 날이면 관련 서적을 분석하고 강의안을 만들기 시작했다. 그러다가 치의학 전문대학원에서 언어 추론 과목 강의를 맡게 되었다. 그리고 취업을 위한 자기소개서자소서 및 면접 분야까지 영역을 넓혔다. 강의를 위해 전국 방방곡곡을 다녔다. 이동 시간이 부족할 때면, 편의점 삼각김밥으로 허기를 달래기도 했다. 하지만 강의가 좋았다. 본인의 강의를 들은 수강생의 합격 인사를 받을 때는 강사로서의 만족감도 컸다.

그렇게 수많은 강의를 한 덕분에 그의 이름 '이시한'은 1인 브랜드가 되었다.

그는 3개 국가고시 적성검사 강의를 하는 국내 유일의 강사다. 취업 시즌에는 밀려드는 강의 요청에 몸이 두 개여도 모자랄 지경이다. 그가 저술한 책은 50권이 넘는다. 그는 다른 강사보다 두세 배의 강사료를 받는다. 하지만 그는 새로운 강의에 도전하고 있다.

그는 강의 시간을 제외하고는 수많은 책을 읽는다. 읽은 책을 바탕으로 그는 현재 유튜브에서 '이시한의 읽은 척 책방'이라는 채널로 인문학 강의를 진행하고 있다.

그는 반드시 돈이 있어야 창업하는 것이 아니라는 것을 알려준 장본인이다. 그는 지식을 전달하는 것만으로도 충분히 돈을 벌 수 있다는 것을 확실하게 보여주고 있다.

***

나 또한 과거 지식 창업을 한 적이 있다. 현재는 재능 기부에 가까우니 나의 미래 인생 파이프라인 정도라 치자.

내가 선택한 지식 창업의 주제는 '취업'이었다. 나는 대학원 시절 또래 동기들보다 조금 일찍 취업을 하게 되었다. 결코 내가 잘나서가 아니었다. 주위 친구들 중에는 나보다 훨씬 좋은 학벌과 스펙을 가진 친구들도 있었다. 하지만 취업 준비를 하면서 어떻게 자기소개서를 작성하고, 면접을 준비하느냐에 따라 결과가 판이하게 달라진다는 것을 알게 되었다.

나는 친한 친구들에게 내 취업 노하우를 알려주기 시작했다. 그 뒤 몇몇은 내가 알려준 노하우 덕분에 취업할 수 있었다고 했다. 그 무렵쯤 가르치는 일에 재미가 생기기 시작했다. 그렇게 소소하게 시작한 일이 점점 커지기 시작했다. 지인의 부탁으로 모 대학 신문에 취업 칼럼을 요청받았다. 그때부터 나는 나의 지식을 글로 정리하기 시작했다.

그리고 나는 마침내 '이공계 출신을 위한 자소서 작성법과 면접 방법'에 대한 지식을 글과 자료로 완성했다.

그 뒤 모 취업 사이트에서 강의 요청이 왔다. 강남의 모 취업 학원에서 고액 연봉을 제안했다. 모 대학교 취업센터에서 특강 요청이 왔다. 그리고 나는 재능 기부 차원에서 취업 컨설팅과 몇몇 대학에서 특강을 해주고 있다.

나는 이렇게 지식을 통해 퇴사 후 먹고살 수 있을 만한 나만의 무기를 가지게 된 것이다.

아이러니하게도 나는 퇴사책 출간 이후 입사책 출간을 기획 중이다. 저서 가제는 『나는 행복한 입사를 준비 중입니다』이다.

즉 나만의 취업 노하우를 집대성한 책이다. 이로써 나는 '입사'와 '퇴사' 두 주제를 가지고 출간한 국내 유일한 작가가 될 것이다.

어떤 지식이든 당장 돈이 될지 안 될지는 아무도 모른다. 하지만 만약 차별화된 나만의 경험과 지식을 가지고 있다면 그것을 반드시 나만의 무기로 만들어야 한다.

***

위와 같은 사례는 비단 나만의 사례가 아니다. 우리 주변에는 평범한 사람이지만 지식 창업을 통해 성공한 사례가 너무도 많다.

사례1) 전세 인생을 벗어나고파 시작한 부동산 경매 경험을 책으로 출간하여 억대 강연가가 되었다.

사례2) 평소 정리 정돈을 잘하는 습관 덕에 '정리 정돈 전문가'로 포지셔닝 하여 개인과 회사를 대상으로 강연하는 정리 정돈 강사로 활동하고 있다.

사례3) 자신의 청소법과 살림법을 블로그에 꾸준히 올리다가 살림살이 청소법에 대한 저서를 출간하여 각종 방송에 초대되는 유명 인사가 되었다.

사례4) 직장에서 경험한 '회의' 경험을 토대로 효율적인 회의 방식을 고민해 '회의 전문가'로 활발하게 활동 중에 있다.

우리가 알고 있는 지식만으로도 돈이 될 수 있을까?

기억해 보면 우리도 다른 사람의 노하우를 배우기 위해 돈을 지불한 적이 있을 것이다. 그것과 다르지 않기에 우리의 경험이 필요한 사람들은 분명히 있다.

그렇다면 이러한 지식 창업에서 중요한 것은 무엇일까?

첫 번째, 일단 무조건 시작하라고 말해주고 싶다.

많은 사람들은 도전이라는 단어 앞에서 실패의 두려움을 느끼게 된다. 이러하기에 도전하고 싶지만 막상 도전을 하고자 마음을 먹어도 용기가 생기지 않기 마련이다. '할 수 있다.'라는 생각보다는, 자신이 이루어놓은 삶에서, 의미를 스스로 부여하며 한계를 설정하기 마련이다.

하지만 지식 창업은 시간 외에 투자금이 필요하지 않다. 따라서 잃을 게 없다. 돈을 투자하는 것이 아니기에 실패를 한다고 할지라도 잃을 것이 없다는 말이다. 시작하는 용기가 필요하다.

두 번째, 중요한 것은 나만의 콘텐츠를 만들어보는 것이다. 누구에게나 자신만의 노하우는 반드시 있다. 사람들이 평소에 나에게 자주 묻고 상담하는 게 있다면 거기서부터 시작하면 된다. 일상을 잘 둘러보면서 무엇을 기획할지, 무엇을 콘텐츠로 만들어낼 수 있을까 골몰히 생각해보는 시간을 가지는 것이 중요하다. 앞선 사례를 보면 결코 대단한 것이 아니다.

분명 지식 창업은 일정 기간의 시간과 많은 노력이 든다. 하지만 일단 자리를 잡으면 그로 인해 얻는 부가가치는 매우 크다. 자신의 경험이기에 소위 똑같은 경험을 하지 않고서는 경쟁자가 나타날 수도 없다.

투자금이 없기에 돈을 잃을 가능성도 없다. 나만의 지식을 통해 평범한 직장인에서 강연자로 변신하여 평생 먹고 살 수 있다는 사실을 잊어서는 안 된다.

퇴사를 결심한 당신을 위한 한마디

"지금은 세상에서 부족한 것을 찾아내기 어려울 만큼 이미 모든 게 갖춰져 있다. 따라서 보다 새로운 시각을 가지고서 사물을 바라보는 관점을 바꿀 필요가 생겼다."

– 오바라 가즈히로, 『놀 줄 아는 그들의 반격』

회사 다닐 때 새로운 시각을 가지는 훈련을 해야 한다. 부지런히 본인이 재미있는 분야를 찾아야 한다. 재미는 생각보다 힘이 세다. 오래 유지하려면 결국 재미가 있어야 하는데, 사람들은 재미라는 요소를 생각보다 쉽게 생각한다. 재미라는 요소가 미래의 인생에 도움이 되면 금상첨화겠지만 일단은 재미있는 분야를 공략해야 한다.

5. 자기 계발로 책을 쓰고 출간하라

> 글쓰기가 필요하지 않은 인생은 없다.
>
> – 김애리 (한국의 작가)

누구나 평생 한 번쯤은 자신의 이름이 들어간 책을 출간하기를 꿈꾼다.

서울대학교 김난도 교수는 『아프니까 청춘이다』라는 책을 출간했다. 그가 책을 펴내기 전까지만 해도 그는 강의를 잘하는 여느 교수에 불과했다. 하지만 그의 책이 젊은이들에게 폭발적인 공감대를 형성하면서 그의 인생은 바뀌었다. 주요 방송 매체에 출연하면서 특강을 하기 시작했다. 각종 기관과 단체, 기업들이 모시고 싶어 하는 강사 1순위가 된 것이다.

이렇듯 책의 힘은 대단하다.

책 출간은 평범한 사람들의 가치를 올려준다. 나를 브랜딩해줄 수 있는 도구이다. 세상에 나를 드러낼 수 있는 가장 쉬운 수단이기도 하다. 또한 나를 전문가로 만들어주는 자격증과도 같다. 그렇게 나는 책을 쓰기로 마음을 먹었다.

***

하지만 글을 쓴다는 것 자체가 내게는 쉽지 않았다. 공대를 졸업하였기에 글재주도 없었다. 내가 처음 책을 써야겠다고 마음을 먹었을 때의 의욕과는 달리, 어디서부터 작성해야 할지 몰랐다. 나름 최선을 다해 하루하루 살아왔지만, 돌이켜보면 나의 삶은 특별한 게 없어 보였다.

조급한 성격 탓에 책을 빠르게 완성해야겠다는 강박 관념을 가지게 되었다. 그 순간부터 책을 쓰는 것 자체가 내게 부담으로 다가와버렸다.

책 쓰는 걸 배워야겠다고 마음을 먹었다. 그러고는 우연히 K 작가와 만나게 되었다.

그녀는 내게 우선 '잘 써야겠다'는 부담을 버리라고 조언했다. 미래에 나의 딸이 컸을 때, '아빠가 들려주는 아빠의 인생 이야기'라고 생각하라 했다. 일기를 쓰듯이 글을 써보라고 했다.

나는 내 딸에게 아빠가 얼마나 열심히 살아왔는지 보여주고 싶었다. 아빠가 살아온 인생을 한 권의 책으로 선물하고 싶었다. 그렇게 다짐하니, 글이 부담 없이 써졌다.

나의 삶은 특별하지 않았지만, 나의 경험이 누군가에게는 살아가는 힘이 되어줄 거라 믿었다.

그러고 나니 글을 쓰는 두려움은 즐거움으로 바뀌게 되었다.

***

나는 주로 새벽마다 일어나서 글을 쓴다. 일기처럼 쓰고 있다. 이러한 나의 소소한 글쓰기가 모여, 내 이름이 들어간 책 출간에 이른 것이다.

그렇다면 출간을 하면서 내 인생은 무엇이 바뀌었을까?

첫째로, 시간을 아끼는 삶이 되었다.

글을 쓰기 위해서 나는 평상시보다 아침에 일찍 일어난다. 새벽에 일어나면 책을 쓰는 것이 일상이 되어버렸다. 그리고 예전에는 연예 기삿거리나 검색을 하면서 허투루 보내버린 자투리 시간에 글을 쓰게 되면서 시간의 소중함을 알게 되었다. 특히 업무 특성상 출장이 잦은 나는 출장 중에 주로 글을 쓴다. 공항에서 비행기를 기다릴 때, 호텔 방에서 시차에 적응이 안 될 때면 글쓰기를 하면서 시간을 아끼게 되었다.

둘째로, 평범한 나의 인생에 의미를 부여하기 시작했다.

하루하루 일어나는 소소한 일상은 책을 쓰기에 좋은 소재거리가 되었다. 그 후 다람쥐 쳇바퀴 돌듯 반복적이고 의미 없는 삶은 더 이상 없었다. 매일 삶 속에 모든 의미를 부여하게 되었다. 생활 중에서 일어난 일들을 메모해두고 집에 돌아와서 이를 글로 쓸 생각에 하루하루가 즐거웠다.

셋째로 나의 전문성을 인정받게 되어, 1인 기업가로 성장할 수 있게 되었다.

책을 출간하면서 방송 및 SNS 등에 소개될 기회가 생겼다. 평범한 나의 삶이 책을 출간하면서 가치를 재조명받을 수 있게 된 것이다. 이젠 나의 이름 자체가 하나의 경쟁력이 될 수 있다. 강연과 컨설팅, 코칭할 수 있는 기회가 생겨났다. 저서를 통해 자연스레 내 이름을 알릴 기회가 생기게 되고, 1인 기업가의 성공의 길로 접어들 수 있게 된 것이다.

***

이제 글쓰기 능력이 필수인 시대가 되었다. 모 대표는 '성공해서 책을 쓰는 것이 아니라, 성공하기 위해서 책을 쓰라'고 했다. 즉 출간은 제2의 인생을 시작할 수 있게 해주는 든든한 자본이다. 나는 퇴사를 준비하는 직장인이라면, 반드시 자신만의 책 출간이 필요하다고 본다.

특히 퇴사 후 자신을 알리기 위한 일을 시작해야 한다면, 반드시 책을 써야 한다. 책을 써야 암울하고 우중충한 현실에서 벗어날 수 있다. 이젠 책 쓰기는 선택이 아니라 필수다. 책 쓰기를 시작하면, 막막하고 안 보이던 현실이 활기찬 미래로 바뀌는 순간을 경험하게 될 것이다.

이제 평생 직업의 개념이 사라지고 있다. 직장인들은 입사하는 순간부터 든든한 은퇴 자본을 고민해야 한다. 회사가 나를 끝까지 책임져줄 수 없다. 인생의 파이프라인을 준비해놓은 사람은 퇴사가 두렵지 않다. 오히려 그만두고 싶을 때 언제든 그만둘 수 있으니, 퇴직을 기쁘게 받아들일 것이다.

책 쓰기는 최고의 자기 계발 도구이다. 평범한 직장 생활 인생을 바꿀 수 있게 하는 기회이다. 책이 갖는 힘은 크다. 어떤 상황에서도 절대 실패하지 않는 최고의 아이템이다. 무조건 남는 장사이다. 책은 누구에게나 든든한 은퇴 자본이 되어줄 것이다. 기회를 잡을지 말지는 본인의 몫이다.

퇴사를 결심한 당신을 위한 한마디

"월급쟁이로서 리스크를 낮추고 부를 창출하는 가장 확실한 방법은 기본에 충실한 재테크를 꾸준히 실천하는 길밖에 없다. 여기서 기본이란 푼돈의 중요성을 깨닫고 푼돈을 기반으로 절약과 저축을 실천해서 목돈을 만든 후 남의 말에 휘둘리지 않고 본인만의 생각과 판단으로 목돈을 불리는 것이다. 이것은 동서고금 모든 부자가 가진 공통된 습관이다."

– 맘마미아, 『맘마미아 월급 재테크 실천법』

월급쟁이는 단기간에 돈을 벌 수가 없다. 월급은 오르지만 부자가 되기에는 부족하다. 열심히 일해도 월급은 똑같다. 결론은 아껴야 한다. 누구나 다 아는 이야기다. 하지만 누구나 실천하기는 어렵다.

월급쟁이로서 리스크를 낮추고 부를 창출하는 가장 확실한 방법은
기본에 충실한 재테크를 꾸준히 실천하는 길밖에 없다.

완벽한 퇴사로 성공한 사람들

07 분당 'DMA 수학학원' 김홍석 원장

평범한 회사원에서 억대 연봉 수학강사가 되다

"책 한번 써보시죠!"

그는 내가 작가의 길로 들어서게 해준 장본인이다. 그는 현재 분당에서 잘나가는 수학학원의 대표이자, 10권의 책을 출간한 작가이다.

그가 유명세를 탄 건 『나는 삼성맨에서 억대 연봉 수학강사가 되었다』라는 책을 출간하면서부터이다. 책 제목처럼 그는 평범한 회사원이었다. 하지만 그는 입사 5년 만에 사표를 냈다. 획일적이고 조직화된 기업 문화가 자신과 맞지 않았다고 했다.

그러던 와중에 『꿈꾸는 다락방』이라는 책을 읽고 자신의 꿈을 찾기로 했다. 그리고 그는 '대한민국 최고의 수학강사'가 되기로 마음먹었다.

그날부터 그는 목표를 적은 종이를 주머니에 넣고 퇴사하는 날까지 매일 갖고 다니며 소리 내어 읽었다. 회사 업무를 최대한 오전에 마무리하고 점심시간부터 오후 동안 틈틈이 수학 서적을 읽었다. 퇴근 후에는 틈틈이 다른 스타강사의 인터넷 강의를 수강하며 강의 스킬을 개발했다. 강의에 자신이 생길 무렵, 그는 사표를 던지고 그 다음 날부터 학원으로 출근했다.

그의 피나는 노력 덕분에, 두 명으로 시작한 수강생이 몇 달이 지나 수백 명이 되었다. 매 강의가 순식간에 마감되었다. 그리고 그는 강사가 된 지 1년 만에 억대 연봉을 받는 수학강사가 되었다. 그리고 그는 분당에 그만의 수학학원을 차리게 되었다. 그리고 책을 썼다. 책을 통해 그의 강의 스킬을 배우고자 하는 강사들이 몰려들었다. 그는 현재 학원 강사 양성을 위해 코칭을 하며, 동기부여 강연가로도 활동 중이다.

그는 단순한 수학학원 강사에서 더 큰 꿈을 꾸게 해준 것은 '책 쓰기'였다고 말한다. 그는 성공을 위해서 '나만의 책을 쓰는 것'이 필요하다고 말한다. 책을 쓰면 평생 돈을 벌 수 있는 1인 기업가가 될 수 있다고 한다.

가장 안정되어 보이는 길이 가장 위험한 길이다.

TIP

퇴사를 준비하는 당신에게 #3

퇴사 전 직장인 돈 모으는 방법 5

퇴사는 곧 생존이다. 직장을 그만두면 공통적으로 걱정하는 것이 바로 돈이다. 생존을 위해서 돈은 필수다. 퇴사 후 버틸 수 있는 돈이 없다면 절대 퇴사하지 마라. 회사는 전쟁터지만 밖은 지옥이다. 돈 없는 퇴사는 100% 잘못된 판단으로 실패한다.

미국의 억만장자인 알렉스 베커는 "부자가 되고 싶은 사람은 많지만, 새로운 도전을 시도하는 사람은 많지 않다."고 했다. 그 이유에 대해 그는 "작지만 매달 고정적인 소득이 주는 안정감 때문."이라 했다. 즉, 월급만 모아서 부자가 되려는 속도로는 꿈을 이룰 수 없다는 것이다.

나는 투자의 고수도 아니다. 때문에 투자 방법을 알려줄 수는 없다. 다만 나는 다음 말을 믿는다.

"아무런 노력 없이 월급으로만 부자가 될 수는 없다."

그래서 나는 다양한 방법으로 돈 모으기에 시도하고 있다. 때론 실패도 있고, 성공도 있다. 하지만 이러한 나의 새로운 시도가 꾸준히 쌓여 퇴사 후 경제적 자유를 누릴 수 있을 것이다.

1. 최대한 구체적인 목표를 정해라

목표 없이 막연히 '부자가 되고 싶다'고 해서 부자가 될 수는 없다. 실제 월급과 지출을 고려하여 현실적인 목표를 세워야 한다.

예를 들면 '6개월간 학자금 대출 500만 원 갚기', '2년 동안 결혼 자금 3천만 원 모으기' 등과 같이 돈을 모으는 구체적인 목적과 목표 금액을 설정해야 한다. 그래야만 목표를 도달할 전략을 짤 수 있고, 내가 잘 실천하고 있는지 점검이 가능하다.

그리고 목표를 세웠다면 그 목표를 손으로 직접 써서 눈에 잘 보이는 곳에 붙여둔다. 그리고 매일 보고 소리 내어 읽으면 된다.

그러면 긍정의 효과가 나타난다. 몸과 마음이 저절로 목표를 향해 움직일 것이다.

2. 월급 외에 돈 버는 것에 관심을 가져라

직장인 대부분은 부자가 되고 싶다고 말한다. 하지만 실천하는 사람은 드물다. 휴대전화를 하며 게임을 하거나, 연예, 스포츠 등 기사를 보느라 대부분의 시간을 소비한다. 이는 부자가 되는 데 전혀 관심이 없는 것이다. 만약 돈을 벌고 싶다면, 월급 나올 때 부지런히 부자가 되는 데 도움이 되는 시간을 가져야 한다.

첫째, 경제와 관련된 신문을 매일 꾸준히 읽어보아야 한다.

나도 처음에는 용어도 모르겠고 답답했다. 하지만 억지로 조금씩 꾸준히 읽어보면서 용어부터 익숙해질 수 있었다. 어렵게 느껴진다면, 나와 관련된 뉴스 위주로 읽어보는 것이 좋다. 내가 살고 있는 동네가 집값이 오르고 있는지, 내가 투자한 펀드가 오를 것인지, 내릴 것인지 등 내 관심 분야 위주로 관심을 가져야 한다.

둘째, 경제 관련된 책을 반드시 읽어볼 필요가 있다.

자기 자신에 맞는 책부터 읽으면 된다. 유명한 책보다는 본인이 끌리는 책부터 시작하는 게 좋다. 주제를 한정 지을 필요가 없다. 처음에는 주식, 부동산, 창업 등 주제에 국한하지 말고 다독을 할 필요가 있다. 돈이라는 것이 모두 연결되어 있다는 마음으로 다독을 해야 한다. 이러한 다독 속에서 자신에게 맞는 책을 발견했다면, 여러 번 읽어볼 필요가 있다.

결코 경제와 관련된 책은 쉽게 읽으면 안 된다. 또한 비판적 시각이 아닌 최대한 긍정적 시각으로 작가의 입장에서 자세히 읽어볼 필요가 있다.

3. 회사 밖 돈 잘 버는 사람과 부지런히 만나라

이제야 돈 모으는 것에 관심을 가지기 시작하였다면 이미 늦었다. 늦음을 인정해야 한다. 따라서 빨리 따라잡기 위해서는 이미 성공하고 있는 사람, 즉 회사 밖에서 돈 벌고 있는 사람들과의 만남을 통해서 돈 버는 방법을 배워야 한다. 투자가 워런 버핏과의 한 끼 점심식사가 263만 달러에 낙찰되었다. 부자인 사람들의 생각과 그들을 따라 하는 것만으로도 부자가 될 수 있다.

하지만 그런 사람을 만나는 건 쉽지 않다. 그리고 주위에 그런 사람이 있을 확률도 거의 없다. 주위에 그런 사람이 없다면 우선 그들이 쓴 책이나 블로그를 읽어보면 된다. 그리고 그들이 어떻게 돈을 벌고 있는지 엿볼 필요가 있다. 그리고 자기가 관심 있는 분야에서 돈을 벌고 있는 모임에 직접 참여해보는 게 좋다. 이러한 적극적인 참여가 돈을 벌 수 있는 자극제가 되는 것이다.

세상에 공짜는 없다. 나는 이러한 믿음으로 다양한 유료 강의 및 부동산 컨설팅을 받고 있다. 처음에는 너무나 돈이 아까웠다. 하지만 더 큰 돈을 벌 수 있다면 과감히 돈을 지불했다.

나는 비용을 지불하면서 당당하게 고수들에게 돈 버는 방법을 배웠다. 부동산 경매 강의를 통해 부동산 경매 방법을 배웠다. 아직도 시간이 될 때마다 부동산 등 다양한 유료 강의를 수강 중이다. 나는 이러한 경험이 지출이 아닌 투자라 생각한다.

4. 월급은 스쳐 지나간다. 가계부를 작성하라

직장인들은 월급에 익숙하다. 매달 받는 월급이 당연하게 느껴지기에, 돈에 대한 절실함마저 사라진다. 월급은 잠깐 통장에 들어왔다 스쳐 지나가는 게 너무나 당연하다고 느끼게 된다. 이에 자신도 자각하지 못하는 사이에 소비는 점차 증가된다.

때문에 직장인이라면 가계부 작성은 필수다.

회사를 다니다 보면 소소한 돈을 많이 쓰게 된다. 점심값, 커피값 등 다양한 곳에 매일 소소한 돈을 쓰게 되는 것이다. 그래서 소소한 돈이 나가는 것을 인식하지 못할 가능성이 높아진다. 이러한 지출이 쌓이면 큰돈이 된다. 내가 돈을 어디에 얼마나 썼는지 나의 소비 패턴을 점검해 보아야 한다.

가계부를 쓰면 쓰기 전에 몰랐던 것을 발견하게 될 것이다. 나는 가계부를 쓰면서 하루에 무심코 사 먹은 커피값이 월말 가계부에서 상당 부분을 차지하고 있다는 사실에 놀랐다. 그 뒤로부터 난 커피를 사는 횟수를 줄였다. 이렇듯 소소한 것을 찾아보고 생각하게 해주는 것이 가계부의 매력이다. 또한 가계부를 작성하다 보면 월급 안에서 본인의 돈의 흐름을 알 수 있게 된다. 오늘부터 가계부를 쓴다면 돈을 벌게 될 것이다.

그렇다면 가계부를 어떻게 쓰는 것이 좋을까?

첫째, 처음부터 꼼꼼하게 작성할 필요가 없다.

다이어리에 예쁘게 작성할 필요도 없다. 처음부터 너무 잘 쓰려고 하면 금방 지쳐버린다. 가계부는 누구에게 보여줄 필요도 없는 것이다. 쉽게 꾸준히 작성하는 것이 중요하다. 쓰는 대로 바로바로 기록해야 하는 것이다. 최근에는 스마트폰 청구 문자와 연동이 되어 손쉽게 작성할 수 있는 무료 스마트폰 앱이 많이 나와 있다. 돈을 사용하는 즉시 기록되거나, 어느 항목에서 많은 비용을 썼는지 통계가 나오는 편리한 앱을 무료로 다운받을 필요가 있다. 즉 매일 소소한 금액이라도 적어두는 습관을 기르는 게 중요하다참고로, 필자가 쓰는 가계부 앱은 '네이버 가계부'다.

둘째, 소소한 절약 목표를 세워본다.

가계부를 작성해보면 소소한 항목에 생각보다 많은 지출이 있음에 놀라게 될 것이다. 그러면 자극을 느껴, 돈을 무조건 줄여야겠다는 거창한 목표를 세우게 된다. 무조건 많은 돈을 줄이겠다는 거대한 목표는 오히려 금방 포기하게 만든다. 소소한 절약 목표부터 세워본다. 예를 들면 매달 커피값이 8만 원이 나온다면, 이번 달에는 5만 원까지만 마셔보자는 등 소소한 목표를 세워 조금씩 실천해보는 게 중요하다.

5. 직장인이 돈을 아끼는 건 기본이다

월급쟁이는 단기간에 돈을 벌 수 없다. 월급은 오르지만 부자가 되기에는 부족하다. 열심히 일을 해도 월급은 똑같다. 결론은 돈을 아끼는 것은 돈을 모으는 데 기본이다. 누구나 다 아는 이야기다. 하지만 누구나 실천하기 어렵다. 나만의 소소한 팁을 몇 개 공개한다.

첫째, 중고 판매를 한다.

나는 중고 판매 사이트를 자주 이용한다. 아이를 길러본 사람이면 누구나 느끼지만, 집에 안 쓰는 물건이 계속 생긴다. 나는 이럴 때마다 중고 판매 사이트를 이용해서 부지런히 물건을 판매한다. 안 팔릴 것 같다고 생각한 것도 중고로 내놓으면 무조건 팔린다. 단, 중고로 팔 때 제값 받는 방법 중에 하나는, 구입한 가격표영수증와 박스를 버리지 말라는 것이다. 이러한 것들이 있으면 판매할 때 더 좋은 가격을 받을 수 있다. 약간의 노력으로 소소한 용돈이 생길 수 있음을 잊지 마라.

둘째, 술은 회식 때 마셔라.

나는 술을 별로 좋아하는 편은 아니다. 하지만 나도 사람이라 때로는 스트레스가 생기면 술을 마시고 싶을 때가 있다. 직장인의 삶이 힘들다고는 하지만 매일 매일 술을 마실 만큼 힘이 들지는 않다.

따라서 나는 주로 회식 때 충분히 마신다. 돈 문제보다도 술을 마시면 그 다음 날 출근하면 숙취로 괴롭다. 괴로우면 오전에 일을 못한다. 오전에 일을 못 하면 오후에 늦게까지 야근한다. 야근하면 퇴근 때 한잔하고 싶어진다. 또 술을 마신다. 이러한 악순환을 깨야 한다.

셋째, 가까운 곳은 걸어 다녀라.

돈을 아끼는 건 기본이다. 돈도 돈이지만 걸어 다니면서 얻는 것은 생각했던 것보다 많다. 걸어 다니면 안 보이던 세상을 달리 볼 수 있다. 여기서 유념해야 하는 건 걸으면서 스마트폰을 절대 보지 말라는 것이다. 나만의 생각을 하면서 걸어야 한다. 내가 퇴사 준비를 결심한 것도 걸어 다니면서부터이다. 때로는 늘 걷던 길이 아닌 다른 길로도 걸어볼 필요가 있다. 걸으면 안 보이던 세상을 반드시 볼 수 있다.

때로는 늘 걷던 길이 아닌 다른 길로도 걸어볼 필요가 있다. 걸으면 안 보이던 세상을 반드시 볼 수 있다.

Master Plan For Your Life

4장

퇴사를 꿈꾼다면 지금 찾아라

- True Relationship
- Mind Control
- Time Management
- Cash Balance

1. 내 인생의 숨겨진 재미

노력은 수단이 아니라 그 자체가 목적이다.

노력하는 것 자체에 보람을 느낀다면

누구든지 인생의 마지막 시점에서

미소를 지을 수 있을 것이다.

– 톨스토이 (러시아의 소설가)

어떤 일이 돈이 될지, 안 될지는 아무도 모른다. 일단 직장 다닐 때 부지런히 본인이 재미를 느끼는 분야를 찾아야 한다. 이러한 재미를 찾았다면, 취미처럼 직접 도전하면서 경험해봐야 한다. 소소한 것이라도 좋다. 블로그 운영도 좋고 유튜브 영상 제작도 좋다. 나만의 경험을 토대로 글을 써보는 것도 좋다.

재미는 생각보다 힘이 세다. 오래 유지하려면 결국 재미가 있어야 하는데, 사람들은 재미라는 요소를 생각보다 쉽게 생각한다. 재미라는 요소에 더해 미래 인생에 도움이 된다면 금상첨화겠지만 일단은 재미있는 분야를 공략해야 한다.

회사는 흥미 없는 일이나 하기 싫은 일을 억지로 해야 할 경우가 많기에 회사에서 재미를 찾기는 쉽지 않다. 그렇기 때문에 부지런히 회사 밖에서 재미를 찾아야 한다. 혹자는 재미를 느끼는 일만 하기에도 인생은 짧다고 했다.

퇴사를 결심한 당신을 위한 한마디

"오랫동안 하고 싶은 일이 아닌, 해야 하는 일들에 매몰되어 자신의 욕구를 억눌러온 사람은 자신이 무엇을 좋아하는지, 무엇을 원하는지 자신에 대한 감각을 잃게 된다. 자신이 원하는 삶은 영원히 발견되지 않은 채, 미지의 영역으로 남게 되는 것이다."

– 김수현, 『나는 나로 살기로 했다』

매달 월급을 받기 시작하면 월급에 내 삶을 의존한다. 월급에 의존하며 세상 밖의 도전에는 눈길조차 주지 않는 삶이 된다. 이런 안정적인 직장인의 삶을 끓고 있는 비커 안에 담긴 개구리와도 같다. 비커에 담긴 개구리는 물이 뜨거워지는데도 현실에 만족한 채 뜨거움을 인지하지 못하고 결국에는 죽고 만다.

2. 실패든 성공이든 도전한 경험

> 한 번도 실패하지 않았다는 것은
>
> 새로운 일을 전혀 시도하고 있지 않는다는 뜻이다.
>
> – 우디 앨런 (미국의 영화감독)

모든 도전 속에는 성공과 실패가 공존하기 마련이다. 실패를 하지 않는 가장 좋은 방법은 아무런 도전도 하지 않는 것이다. 하지만 아무런 도전 없이 우리의 미래는 없다. 특히 회사 생활에 익숙해지면, 우리는 도전이라는 단어에 둔감해지기 마련이다. 회식 자리에서의 대화 주제는 도전보다는 꼰대 상사 흉을

보거나, 신세 한탄이 대부분이다. 하지만 이러한 대화는 일회성 스트레스 해소용일 뿐이지 우리의 미래 준비에 도움이 되지는 못한다.

실패는 삶의 좋은 교재다. 그렇기에 우리는 회사를 다니면서 도전과 경험을 많이 해놓아야 한다. 호주의 사업가 필 다니엘스는 말했다.

"눈부신 실패에는 포상이 있지만, 평범한 성공은 벌한다."

우리는 회사에 안주하지 말고, 밖에서 수많은 실패를 경험해야 성장할 수 있다. 이러한 실패를 두려워하기보다는 실패를 통해 배우도록 노력해야 한다.

나 또한 수많은 도전과 실패를 느끼며 살아가고 있다. 회사에 있으면서 수많은 도전과 실패를 했고 지금도 경험하고 있다. 재미로 시작한 요식업 창업에서 성공과 실패를 경험하면서, 회사 밖의 삶에서 천당과 지옥을 경험했다. 지식 창업 도전을 통해 무에서 유를 창조해보면서, 1인 브랜드의 삶을 준비하는 계기가 되었다. 이러한 나의 크고 작은 실패가 나만의 도전 이력이 되었다.

퇴사 후에 장밋빛 미래만 펼쳐질 리가 없다. 성공보다는 나와 같은 크고 작은 실패의 연속일 것이다. 모든 실패에 세상 다 산 사람처럼 좌절할 것이라면 절대로 퇴사하지 마라. 반드시 회사 다니면서 실패 경험을 하면서 도전 이력을 길러놓은 후에 퇴사를 해야 한다.

결코 실패 없는 퇴사는 없다.

퇴사를 결심한 당신을 위한 한마디

"여러분이 어떤 분야의 전문가는 아니지만 관심을 가지고 있는 어떤 분야의 책을 쓰고 싶다면 그런 콘텐츠를 꾸준히 내뿜는 사람이어야 합니다."

– 양춘미, 『출판사 에디터가 알려주는 책쓰기 기술』

나만의 콘텐츠를 뿜는 사람이 되어야 한다. 거창한 것이 아니다. 누구에게나 자신만의 인생 스토리는 있다. 사람들이 평소에 나에게 자주 묻고 상담하는 게 있다면 거기서부터 시작하면 된다. 일상을 잘 둘러보면서 무엇을 기획할지 무엇을 콘텐츠로 만들어 낼 수 있을지 골몰히 생각해보는 시간을 가지는 것이 중요하다.

08 대한민국 대표 전자책 기업 '리디북스' 배기식 대표

평범한 신입 사원이 대한민국 대표 기업가가 되다

"전자책이 뭐야?"

입사 동기이자 친구인 기식이가 입사 3년 만에 돌연 퇴사를 선언했다. 신입 사원 시절이었기에 퇴사라는 단어는 상상조차 못했다. 그는 회사 벤처 투자팀에서 일했다. 그래서 그는 미국 실리콘밸리 출장을 많이 다녔다. 다니면서 그는 소프트웨어와 인터넷을 결합하면 새로운 것을 만들 수 있겠다고 생각했다. 그렇게 그는 사업 아이템도 정하지 않은 상황에서 돌연 퇴사를 실행했다.

퇴사 후 그는 공동 창업자 2명과 함께, 작은 오피스텔에 모여

서 아이템을 구체화했다. 그리고 전자책 사업에 뛰어들었다. 그 날부터 출판사를 찾아가며 영업을 했다. 가는 곳마다 잡상인 취급을 당했다. 직장인 시절에는 명함만 내밀면 만나주었는데, 회사 밖은 냉랭했다.

하지만 그는 매일 4~5개 출판사를 돌아다니며, 3년간 200개 회사와 제휴를 맺으면서 사업의 기반을 다졌다. 그런데 이번에는 경쟁자가 등장했다. 대기업이 전자책 사업에 뛰어든 것이다. 그러나 그는 신념을 가졌다.

'회사를 잘되게 하는 것은 경쟁사가 아니라 고객이다!'

마침내 대기업은 시장 철수를 선언했고, 다른 기업도 전자책 사업을 축소했다.

배기식 대표는 창업 10년 만에 리디북스를 대한민국 전자책 1위 업체로 만들었다. 하지만 그는 여전히 배고프다. 그는 기술력을 바탕으로 현재 데이터 분석에 기반한 새로운 사업 모델 개발에 주력하고 있다. 그의 꿈은 한국의 '넷플릭스Netflix'와 같은 IT 혁신 콘텐츠테크Contents Tech회사를 만드는 것이다.

그는 회사원 시절의 경험이 기업가로 성장하는 데 큰 도움이 되었다고 말했다. 회사에 있을 때 다양한 경험을 쌓아야 하며 이러한 경험이 쌓여 미래에는 나만의 큰 무기가 될 것이라고 했다.

3. 꿈을 찾고 나를 아는 용기

> 누구든 열정에 불타는 때가 있다.
>
> 어떤 사람은 30분 동안,
>
> 또 어떤 사람은 30일 동안,
>
> 인생에 성공하는 사람은 30년 동안 열정을 갖는다.
>
> – 노만 빈센트 필 (미국의 성직자)

그렇다면 정말 내가 하고 싶은 것을 어떻게 찾는 것이 좋을까?

정말 하고 싶은 일을 어떻게 정할까? 우리가 회사 밖으로 나아가는 용기를 얻기 위해서는 우선 현재 위치에서 자신에 대한

'자아 탐색'을 하는 게 중요하다.

우리는 다람쥐 쳇바퀴 돌 듯 반복되는 회사라는 굴레에서 하루하루 살고 있다. 그 안에서 내가 잘하는 것이 무엇이고 나의 꿈은 무엇인지에 대해서 생각해볼 여유도 없다. 특히 퇴사 후의 삶이 전보다 10배, 20배 더 행복해질 자신이 있을 때 퇴사를 해야 하지만 나 자신을 모르고, 진짜 하고 싶은 것도 모른 채 퇴사를 한다면 이는 고민과 방황의 무한 반복일 뿐이다. 내 주변에도 그런 사람들이 너무나 많다.

여기에서 조심해야 할 것이 '파랑새 증후군'이다. 파랑새 증후군이란 현재의 직업에 만족을 못 하고 끊임없이 막연하게 희망을 쫓아다니는 직장인들을 말한다. 현실을 부정하고 미래엔 언젠간 희망처럼 될 것이라는 막연한 이상을 갖는 것은 위험하다.

현재 다니는 회사에서 나를 돌아보는 것부터 시작해야 한다.

퇴사 준비가 안 되어 어쩔 수 없이 회사에서 시간을 보내야 한다면 이를 시간 낭비라고 생각하지 말자. '회사에서부터 나의 꿈을 찾는다.'라는 생각으로 회사 생활에 임하자. 실제로 회사에서 배우는 것도 상당하다. 직장 생활에 '업무'가 전부라고 생각하는 사람은 한 명도 없을 것이다. 처세술, 인간관계 등 많은 것이 복합적으로 얽힌 곳이 회사다. 회사는 이 모든 것을 배울 수 있는 좋은 학교이다.

누군가와 대화하면서 자신이 꿈꾸는 미래에 대해 이야기해보고, 지금 자신이 겪고 있는 현실에 대해서 말해보는 것도 중요하다. 현실에서 힘든 점이 무엇인지, 왜 내가 불안한지, 지금 나는 무엇을 생각하고 느끼며 살아가는지. 이러한 대화는 현실감을 갖게 하는 데 큰 도움이 될 것이다. 창업, 1인 기업도 마찬가지다. 완벽히 혼자서 하는 일이란 세상에 없다. 모든 것이 사람 대 사람의 일이다. 그런 관점에서 보면 지금 회사에서 하는 일은 모두 쓸모 가득한 일이며, 나의 꿈을 찾기 위해 회사는 좋은 공간인 것이다.

나의 꿈을 찾기 위한 또 다른 방법은 매일 아침마다 일기를 쓰는 것이다.

나는 나를 찾기 위해서 매일 저녁마다 나만의 세 줄 일기를 쓴다. 거창한 것이 아니다. 짧은 시간에 써보는 낙서에 가깝다고 생각한다. 최근에는 다양한 스마트폰 일기 앱도 나와 있다. 하지만 나는 투박하게 다이어리에 직접 펜으로 일기를 쓴다. 펜으로 직접 작성하다 보면 갑자기 떠오르는 것들도 낙서처럼 작성하게 되고 그렇게 새로운 아이디어도 나오게 된다.

대표적인 일기 작성법은 일본의 신경과 의사인 고바야시 히로유키가 펴낸 『하루 세 줄, 마음정리법』에 나오는 세 줄 일기 작성법이 있다.

그가 소개한 세 줄 쓰는 방법은 간단하다.

〈세 줄 일기 쓰는 법〉

1. 오늘 가장 안 좋았던 일

2. 오늘 가장 좋았던 일

3. 내일의 목표

그는 책을 읽거나 취미 생활을 한다고 해도 그것은 자신을 돌아보는 행위와는 다르다고 했다. 직접 펜을 들고 일기를 적으면서 무의식을 의식으로 변환시키라고 말한다. 하루에 한 번, 흐름을 멈추고 세 줄 일기를 작성하면서 자율 신경을 다스리라는 것이다. 나만의 차별점이 있다면 나는 최대한 회사 밖의 주제를 찾아서 작성하려고 노력한다. 최대한 회사 밖에서의 내용으로 내일을 위한 짧은 각오를 작성해보려고 한다.

이렇게 한 달이 지나고, 1년이 지나가면 하루하루를 되돌아보는 기록들을 통해 내 자신이 얼마나 성장했는지를 알 수 있다.

짧은 일기가 쌓이면 자아 탐색의 좋은 도구가 될 수 있는 것이다. 또 이 탐색의 좋은 도구가 모여서 지금 나와 같이 책을 출간할 수 있는 밑거름이 되는 것이다.

이러한 과정을 통해서 자신이 정말 하고 싶은 일이 무엇인지 깨닫고 이 목표를 위해 행동하고 노력하는 것이 중요하다. 진정한 나를 알고, 진짜 하고 싶은 일이 정해졌을 때 진지하게 퇴사를 고민해볼 수 있는 것이다.

퇴사를 결심한 당신을 위한 한마디

"'퍼스널 브랜딩'이 대세라면 대세다. 나를 홍보하고 가치 있는 상품으로 포장하는 것은 일부 연예인이나 유명인에 국한된 일이라 여겨졌지만 지금은 직장인도 프리랜서도, 심지어 가정주부도 '나'를 구축하는 시대다. 제대로만 가꿔 놓으면 평생직장이 보장되기 때문이다."

– 김애리, 『글쓰기가 필요하지 않은 인생은 없다』

나만의 퍼스널 브랜딩을 구축해야 한다. 많은 시간과 노력이 들겠지만 일단 자리를 잡으면 그로 인한 부가가치는 매우 크다. 자신과 똑같은 경험을 하지 않고서는 경쟁자가 나타날 수도 없다. 투자금이 없기에 돈을 잃을 가능성도 없다. 나만의 브랜딩을 통해 평범한 직장인에서 강연자로 변신하여 평생 먹고살 수 있게 되는 것이다.

시간을 낭비하지 말라.

시간이야말로 인생을 형성하는 재료이기 때문이다.

4. 작심삼일 극복하는 목표

그대는 인생을 사랑하는가?

그렇다면 시간을 낭비하지 말라.

시간이야말로 인생을 형성하는 재료이기 때문이다.

– 벤자민 프랭클린 (미국의 작가, 정치인)

목표를 세우는 것보다 어려운 것이 꾸준한 실행이다. 삶의 대부분의 목표는 세우기 단계에서 끝나버리기 마련이다. 나 또한 한동안 그랬다. 하지만 나는 아래의 3가지 소소한 방법으로 작심삼일을 극복하고 있다.

작심삼일을 극복하는 3가지 방법!

첫 번째 방법은 최대한 작고 구체적인 목표를 세우는 것이다.

크고 구체적이지 않은 목표는 이루기 어렵다. 예를 들면 '올해 퇴사를 해야겠어.', '나만의 가게를 차려 창업을 할 거야.' 등의 구체적이지 못한 목표는 실패하기 쉽다. 소소한 목표를 여러 개 세우는 게 낫다.

내가 세우고 꾸준히 실천하고 있는 소소한 작은 목표는 이런 것들이다.

예를 들면,
'퇴근 버스에서 한 정거장 전에 내려서 걸어가보기.'
'잠들기 전에 세 줄 일기 작성하기.'
'출간을 위해 새벽마다 일어나 한 꼭지씩 글 쓰기.'
'퇴근 후 집에 올라갈 때 엘리베이터 이용하지 않기.'
등이 있다.

최대한 작은 목표를 세우면, 내가 목표를 이루기 위해 별도의 시간을 할당할 필요가 없다. 그러면 시간에 대한 거부감이 줄어든다.

그리고 이를 반드시 메모지에 적어보고, 매일매일 체크하면서 나의 마음을 다잡고 의지를 강화해본다. 소소한 목표를 조금만 더 신경을 쓰고 살아간다면 큰 결실을 얻을 수 있을 것이다.

두 번째 방법은 나의 목표를 주변에 알리는 것이다.

'떠벌림 효과'라는 것이 있다. 현재 나의 상황이나 의지, 그리고 내가 이루려는 목표를 다른 사람에게 알리면 스스로 의지를 다짐하는 효과가 있다는 것이다. 우선 주위에 알리면 주위 사람들로부터 도움을 받을 수 있다. 또한 주위 사람들의 시선에 대한 부담 때문에 포기해버리고 싶은 마음이 들게 된다. 특히 금연, 절주같이 다른 사람들과 함께 있을 때 쉽게 흔들리는 목표들은 주위에 알리는 것만으로도 엄청난 효과를 얻을 수 있다.

내가 '떠벌림 효과'로 목표를 이룬 대표적인 사례는 바로 '책 쓰기'였다. 올해 초에 퇴사 관련 책을 쓰겠다는 목표를 가족과 몇몇 지인에게 알렸다. 책 쓰기는 내 삶에서 어려운 도전이었기에 포기하고 싶을 때가 너무나 많았다. 한동안 멈춘 적도 있었다. 하지만 주위 사람들과 만날 때마다 사람들이 나의 책 쓰기에 관심을 가지니 포기하고 싶은 마음을 다시 다잡게 되었다.

그리고 나는 올해 출간의 꿈을 이뤘다. 목표가 있다면 주변에 알리는 것이 매우 중요하다.

세 번째 방법은 목표를 달성한 모습을 생생하게 꿈꿔보라는 것이다. 앞서 소개한 이지성 작가의 『꿈꾸는 다락방』이라는 책에서 얻은 공식이다.

꿈꾸는 다락방의 책의 핵심 내용은 다음과 같다.

R=VD

생생하게 vivid 꿈꾸면 dream 이루어진다 realization

아무리 불가능하게 보이는 목표라도, 생생하게 꿈꾸면 그 목표를 달성하게 해주는 초인적인 내면의 힘이 저절로 생겨나고 그 힘이 멈추지 않게 만든다.

보통 사람들은 원하는 것이 있으면 원하는 것을 생각하는 것으로 끝이 난다. 하지만 성공한 사람들은 자신이 꿈꾸는 것을 구체화하여 상상하고 그 구체화된 상상에 따라 자신이 해야 할 일들을 실천해나간다. 그러다 보면 어느새 그 꿈을 이룬 자신을 발견할 수 있는 것이다.

나는 이 공식을 믿고 생활한 덕분에 많은 목표를 이루었다. 아무리 불가능하게 보이는 목표라도 생생하게 꿈꾼다면 반드시 이룰 수 있다.

내가 생생하게 꿈을 꿔서 목표를 이룬 대표적인 사례는 내 딸아이를 갖게 된 것이다. 나는 결혼을 일찍 했지만, 한동안 아이가 생기지 않았다. 아내와 함께 병원을 다녔으나 쉽지 않았고, 때로는 포기하고도 싶었다. 하지만 나는 매일 딸아이와 함께 집 앞 공원 잔디밭에 소풍 가는 상상을 했다. 우리는 인공 수정 4번, 시험관 시술 1번 만에 소중한 딸아이를 가질 수 있었다.

퇴사를 꿈꾸고 있다면 퇴사 후의 삶을 생생하게 꿈꿀 필요가 있다.

예를 들면 다음과 같다.

- 식당 창업의 꿈이 있다면 손님들이 몰려들어 맛있게 먹고 있는 모습
- 작가가 되고 싶다면 내 책이 베스트셀러 코너에 진열된 모습

– 강연가가 되고 싶다면 무대 위에서 나의 인생 이야기를 강연하는 모습

아무리 불가능해 보이는 목표라도 매일매일 간절하고 생생하게 원하는 그림을 그린다면 반드시 이룰 수 있다.

무엇이든 시작하는 힘도 중요하지만 매듭을 짓는 것이 더 중요하다. 한번 시작했다면 반드시 꾸준히 이루어나가도록 노력해야 한다.

퇴사를 결심한 당신을 위한 한마디

"자신의 인생에 대한 책임감을 인정하고 수용하라. 인생이란 결과물을 만들어내는 사람은 바로 당신이다. 더 나은 선택을 함으로써, 더 나은 삶을 누리는 법을 배워라."

– 필 맥그로, 『인생은 수리가 됩니다』

더 나은 삶을 누리기 위해 나 자신부터 변해야 한다. 대부분의 직장인들은 파이프라인을 설치하는 일이 힘들고 시간이 오래 걸린다는 이유로 현실과 타협한 채로 살아간다. 대다수의 직장인들은 시간을 돈으로 바꾸며 생활하고 있다. 현재의 삶을 바꿔야 한다. 하루라도 월급이 나올 때 부지런히 여러 개의 나만의 인생 파이프라인을 구축해야 한다.

완벽한 퇴사로 성공한 사람들

09 미래의 수영장 대표를 꿈꾸는 안효정 프리랜서

취미로 시작한 운동이 나만의 사업 아이템이 되다

모 대기업 영업팀에 근무했던 안효정 씨는 회사에서 촉망받는 인재였다. 붙임성 좋은 성격 덕에 '영업'은 그녀의 천직인 듯 보였다. 일을 잘한 덕에 그녀는 최연소로 유럽 법인에 파견을 가기도 했다. 하지만 그녀는 고참 선배들이 하는 일까지 도맡아 해야 했다.

일에 미쳐 살던 어느 날, 그녀는 미래에 대해 고민하게 되었다. 앞으로의 삶이 너무 뻔했다. 그리고 그녀는 돌연 퇴사 훈련을 시작했다.

그녀는 회사를 다니면서 '내게 가치 있는 일이 무엇인가?'에 고민했다. '평생 내가 재밌는 것, 좋아하는 것'을 하며 살고 싶었다. 그러자 회사에서 스트레스를 받을 때마다 했던 '수영'이 떠올랐다고 했다. 하지만 수영으로 무엇부터 해야 할지 몰랐다. 동기부여가 필요했다. 그래서 그녀는 인명 구조 요원라이프가드, Life Guard 자격증에 도전하기로 했다. 회사 업무가 없는 주말이면 시간을 내어 교육을 받았다. 그렇게 차근차근 준비하기 시작했다.

그녀의 도전은 아직도 진행 중ing이다. 현재 생활체육지도사 3급 자격증에 도전 중이다. 또한 모 스포츠센터에서 유아들에게 수영 강습을 하고 있다. 분명 잘나가던 대기업 월급에 비하면, 지금 경제적으로는 봉사 활동 수준이다. 하지만 그녀에게는 소중한 꿈이 생겼다.

언젠가 그녀는 그녀만의 수영장을 설립하고 싶다고 했다. 약간 허황되게 들릴 수도 있다. 하지만 지금껏 그랬듯 그녀는 오늘도 꿈을 위해 차근차근 준비하고 있다.

그녀는 퇴사라는 단어 앞에서 두려워하지 말라고 한다. 또한 목표를 빨리 이루어야 한다는 조급한 마음을 버려야 한다고 말한다. 주위에서 걱정해도 두려움과 불안감을 해소할 수 있는 강한 멘탈은 반드시 필요하다고 말한다.

5. 내 몸값을 높이는 나만의 브랜드

자신의 능력을 믿어야 한다.

그리고 끝까지 굳세게 밀고 나가라.

– 로잘린 카터(미국의 사회운동가)

내가 지금 '성장'을 위해 회사를 다니면서 하고 있는 일은 무엇인가? 우리는 매일 회사에서 바쁘게 살아간다. 바쁘게 생활하는 모습을 보며, 우리는 오늘 하루 열심히 살았다고 자기 위안을 하며 '성장'하고 있다고 오해한다.

하지만 회사 출근을 꼬박꼬박 하는 것을 '성장'이라고 치지 말라. 그건 우리와 같이 살아가는 수백만 직장인 모두가 매일 치르는 전쟁이니까. 개인적으로 나는 인생은 퇴근 전후 매일 30분씩 하는 일이 결정한다고 생각한다.

나의 삶이 미래 준비, 회사 밖의 삶을 위해 도움이 되고 있는지 진지하게 고민해봐야 할 것이다.

대기업에 근무하는 것 자체만으로도 인정받던 시절이 있었다. 하지만 시대는 바뀌었다. 평생직장의 개념이 사라졌다. 이제는 회사 생활이 평생 나의 삶을 보장해주지 않는다. 자신만의 독자적인 이미지를 구축하며 살아가는 것이 매우 중요하다. 차별화된 자신만의 브랜드를 구축한 사람들은 대중의 머릿속에 깊이 인식되고, 이에 상응하는 물질적 혜택도 얻는 것이다. '1인 기업', '퍼스널 브랜딩'이라는 말이 자주 나오는 이유이기도 하다.

내 몸값을 높이기 위해서는 나만의 독자적인 브랜드 인지도를 높여서 추종자와 고객, 팬을 늘리고 더 많은 기회를 창출해야 한다. 브랜드 인지도 없이는 아무리 좋은 제품이라도 쉽게 사장되고 만다. 오늘날은 블로그, 팟캐스트, 유튜브 등 정보 기술이 발달하면서 나만의 브랜드를 갖추는 일이 보다 손쉬워졌다.

이러하기에, 회사를 다니면서 부지런히 나만의 차별화된 브랜드를 만들어야 한다. 나만의 브랜드가 있다면 그것이 든든한 은퇴자본이 되어줄 것이다. 우리는 투자를 생각하면 무조건 눈에 보이는 것에 건물, 아파트, 토지 등의 투자를 먼저 생각한다. 하지만 이는 초기에 많은 돈이 필요하다. 또한 실패하면 회복하는 데 많은 돈과 노력이 필요하다. 하지만 나만의 브랜드 가치를 올리는 것은 많은 돈이 필요하지 않다.

당장 '나만의 브랜드를 높이기 위한 투자'를 해야 한다.

나만의 브랜드를 위해 거창하게 시작할 필요는 없다. 소박하게나마 SNS 계정부터 만들어볼 것을 권장한다. 그리고 난 후 본인이 느끼기에 소소하게 재미있는 부분부터 시작해본다. 평범하다고 생각했던 경험들이 나만의 차별화된 브랜드로 재탄생할 수 있기 때문이다.

나는 글을 쓰겠다는 마음을 먹고 '브런치'라는 공간에 글을 올리기 시작했다. 내가 그동안 회사 생활을 하면서 느꼈던 퇴사에 관한 생각들을 글로 작성해보았다. 나에게는 한없이 평범해 보였던 경험들이, 나의 글을 읽는 이들에게는 신선하게 다가갔던 거 같다. 소소한 행동의 결과는 놀라웠다. 하루에 적게는 몇 백 명부터 많게는 몇 만 명까지 내가 쓴 글을 읽으면서 나만의 브랜드가 생긴 것이다. 나는 생각들을 꾸준히 브런치에 올렸고, 결국 출간의 기회까지 얻을 수 있었다.

나만의 브랜딩은 결코 특별한 사람들에게만 필요한 것이 아니다. 퇴사 후 내가 원하는 기회를 잡기 위해서도 반드시 브랜딩이 필요하다. 누구에게나 필수인 것이다. 그래서 우리는 나만의 브랜드를 가지기 위해 자신에 대해 끊임없이 질문하고 스스로 고민하는 시간이 필요하다. 이러한 고민 속에서 내가 어떤 부분에서 강한 사람인지 깨닫게 되고, 이러한 깨달음이 나만의 특별한 영역으로 만들어지고, 결국에는 브랜딩이 이루어지는 것이다.

퇴사를 결심한 당신을 위한 한마디

"당신은 준비되어 있다. 다만 방법을 모를 뿐이다!"

– 스콧 소넨샤인, 『스트레치(STRETCH)』

퇴사를 위해 무엇을 준비해야 하는지 방법을 모른다면, 현재 다니는 회사에서 나를 돌아보는 것부터 시작해야 한다. '회사에서부터 나의 꿈을 찾는다.'라는 생각으로 회사 생활에 임하자. 실제로 회사에서 배우는 것도 상당하다. 직장 생활이 '업무'가 전부라고 생각하는 사람은 한 명도 없을 것이다. 처세술, 인간관계 등 많은 것이 복합적으로 얽힌 곳이 회사다. 회사는 이 모든 것을 배울 수 있는 좋은 학교이다.

Maybank
HSBC

TIP

퇴사를 준비하는 당신에게 #4

퇴사 전 나만의 인생 마스터플랜 작성법

1953년, 미국의 예일대 졸업생들을 대상으로 삶의 목표에 대해 조사를 한 적이 있다. '당신은 인생의 구체적인 목표와 계획을 글로 써놓은 것이 있습니까?'라는 질문을 던졌는데, 졸업생 중, 단 3%만이 인생의 구체적인 목표와 계획을 글로 써놓았다고 답했다. 나머지 97%는 그저 생각만 하거나 아니면 아예 목표가 없는 경우였다. 20년이 지난 1973년, 그때의 학생들 중 생존자들을 대상으로 경제적인 부유함을 조사했다. 놀랍게도 졸업할 당시 구체적인 목표가 있다고 답한 3%의 졸업생들이 나머지 97%의 졸업생들보다 훨씬 더 많은 부를 가지고 있었다.

예일대 조사 이후 하버드 경영대학원에서도 비슷한 연구가 수행됐다. 1979년 하버드 MBA 과정 졸업생 중 3%는 자신의 목표와 그것을 달성하기 위한 계획을 세워 기록했다. 13%는 목표는 있었지만, 기록하지 않았고 나머지 84%는 목표조차 없었다.

10년 후 1989년에 목표가 있었던 13%는 목표가 없었던 84%의 졸업생들보다 평균 2배의 수입을 올리고 있었다. 뚜렷한 목표가 있었던 3%는 나머지 97%보다 무려 평균 10배의 수입을 올린 것으로 조사됐다.

(출처 : 프리미엄 조선 기사 중 발췌)

이 연구 결과에 따르면, 미래에 대한 구체적인 계획과 목표를 가지고 있는 사람이 그렇지 않은 사람보다 원하는 바를 이룰 확률이 높다. 그러하기에 우리는 퇴사 전 나만의 인생 계획을 세워놓는 것이 매우 중요하다.

10년 전 우연히 인터넷 재테크 동호회 '텐인텐'에 가입하면서 경제 관련 수업을 듣게 되었다. 동호회 주인장도 나와 같은 직장인이었다고 했다. 하지만 그는 '경제적 자유인'이라는 구체적 인 꿈을 위해 퇴사를 결심했다고 했다. 그는 인생 마스터플랜을 작성하고 꾸준히 실행한 덕분에, 현재 경제적 자유는 물론 회원 80만 명을 보유하고 있는 1인 기업가로 성공했다.

그는 인생 마스터플랜은 각 개인이 자신의 삶의 주인으로서, 삶을 어떻게 이끌고, 살아가야 할지에 대한 구체적인 그림을 그리는 과정이라고 했다. 그는 인생 마스터플랜을 통해서 20대에 목표로 했던 경제적 자유를 달성했다고 말했다.

그가 소개한 마스터플랜 작성법은 이러하다.

1단계 : 인생에서 가장 중요한 행복 요소를 모두 찾는다.

내가 살아가면서 가장 중요하다고 생각하는 것을 찾아본다. 스스로에게 편안하게 질문하면 된다. 예를 들면 가족, 돈, 건강, 여가, 일 등이 있을 것이다. 이러한 요소를 하나도 빠짐없이 작성해야 스스로 삶의 균형을 잡아갈 수 있다.

2단계 : 행복 요소에 10년 단위로 세부 목표를 정한다.

10년 단위로 본인이 꼭 이루고자 하는 주제를 정하고 세부 목표를 작성해본다. 목표가 명확하지 않다면 '바람'이라도 공간에 채워 넣자. 때론 이러한 목표가 비현실적이게 느껴질 수도 있다. 하지만 최대한 자유롭게 자신의 생각을 적어보는 게 중요하다.

작성법은 매우 단순해 보일 수 있다. 하지만 직접 해보면 어려움을 느낄 것이다. 내일을 모르는데, 50년 뒤 인생 계획을 세우는 것 자체가 힘들다. 하지만 이러한 방법을 통해서 작성하려고 노력하는 것만으로도 큰 의미가 있다. 어설프지만 만드는 과정만으로 앞으로의 인생을 크게 변화시킬 수 있는 것이다.

나의 인생 마스터플랜

자기관리	가정생활	경제수준	사회생활
30대			
가족 기반 완성 / 회사 및 가정생활 균형			
독서 (연 12권)	행복한 가족 기반	자가주택	충실한 회사생활
언어능력 (중국어 4급)	가사분담	순자산 10억 달성	MBA 졸업
20대 수준 몸 관리	연 1회 국내여행	월수입 700만 원	직장생활 충실
40대			
1인 브랜드 구축 / 사회 및 가족 균형 완성 / 경제적 시스템 구축			
독서 (연 30권)	부부공동 취미생활	상가(건물) 투자	1인 브랜드 구축
연 1회 혼자만의 자유여행	저녁마다 가족 산책	순자산 20억 달성	개인 책 출간
30대 수준 몸 관리	연 1회 해외여행	월수입 1,000만 원	퇴사(휴직) 실행
50대			
왕성한 사회활동가 / 1인 기업 창업 / 경제적 독립			
독서 (연 50권)	자녀 대학 지원	전원주택 생활	1인 기업 창업
아침산책 / 명상	부부공동 취미생활	순자산 30억 달성	개인책 출간 (연 1권)
40대 수준 몸 관리	연 2회 해외여행	월수입 1,500만 원	강의활동
60대			
학문적 완성 / 가족 공동체 구축 / 사회 봉사			
글쓰기	자녀 결혼 지원	전원주택 생활	1인 기업 활성화
아침 산책 / 명상	부부공동 취미 생활	순자산 50억 달성	사회봉사 (월 1회)
40대 수준 몸 관리	연 1회 1개월간 해외거주	월수입 2,000만 원	결혼 주례, 부부 상담
70대			
삶의 통찰 / 아름다운 정리 / 사회 환원			
글쓰기	가족 공동체 운영	전원주택 생활	은퇴
아침산책 / 명상	아내와 아름다운 노후	순자산 100억 달성	사회환원 (기부)
50대 수준 몸 관리	연 1회 가족 전체 여행	월수입 3,000만 원	봉사활동(주 1회)

옆의 표는 내가 작성한 나만의 인생 마스터플랜의 주된 요약본이다실제 목표를 달성하기 위한 계획은 좀 더 구체적이다. 어설프고 비현실적인 목표도 많다. 하지만 30대를 돌이켜보면, 나는 이러한 인생 마스터플랜 덕에 많은 것을 이룰 수 있었다.

내가 꿈을 이룬 대표적인 예는 이러하다.

– 행복한 가족 기반 : 나는 33세에 결혼을 했고, 38세에 딸아이를 얻었다.
– MBA 졸업 : 나는 34세에 MBA경영전문대학원를 졸업하였다.
– 출간 : 나는 40세에 첫 개인 저서를 출간하게 되었다.
– 자가 주택 : 나는 30대에 서울 모 지역에 나만의 집을 보유하게 되었다.

나는 살아가면서 목표들을 의식적으로 다 이루겠다고 생각하지 않았다. 단지 이러한 계획표를 눈에 잘 띄는 곳에 붙여놓고 생각날 때마다 읽어보았다. 또 꿈이 생길 때마다 추가로 작성하고 있다. 이렇게 인생의 구체적인 목표와 계획을 글로 쓰는 것만으로도 나는 많은 부분을 이룰 수 있었다.

퇴사를 떠나, 나는 모든 사람이 나만의 인생 마스터플랜을 작성할 것을 권장한다. 출발이 반이라고 했다. 목표 설정을 잘하는 것은 목표 달성에 있어서 반 이상의 의미를 가진다. 우리는 인생 마스터플랜을 작성해봄으로써, 우리 삶의 올바른 목표가 무엇인지 다시 한 번 생각해볼 수 있다.

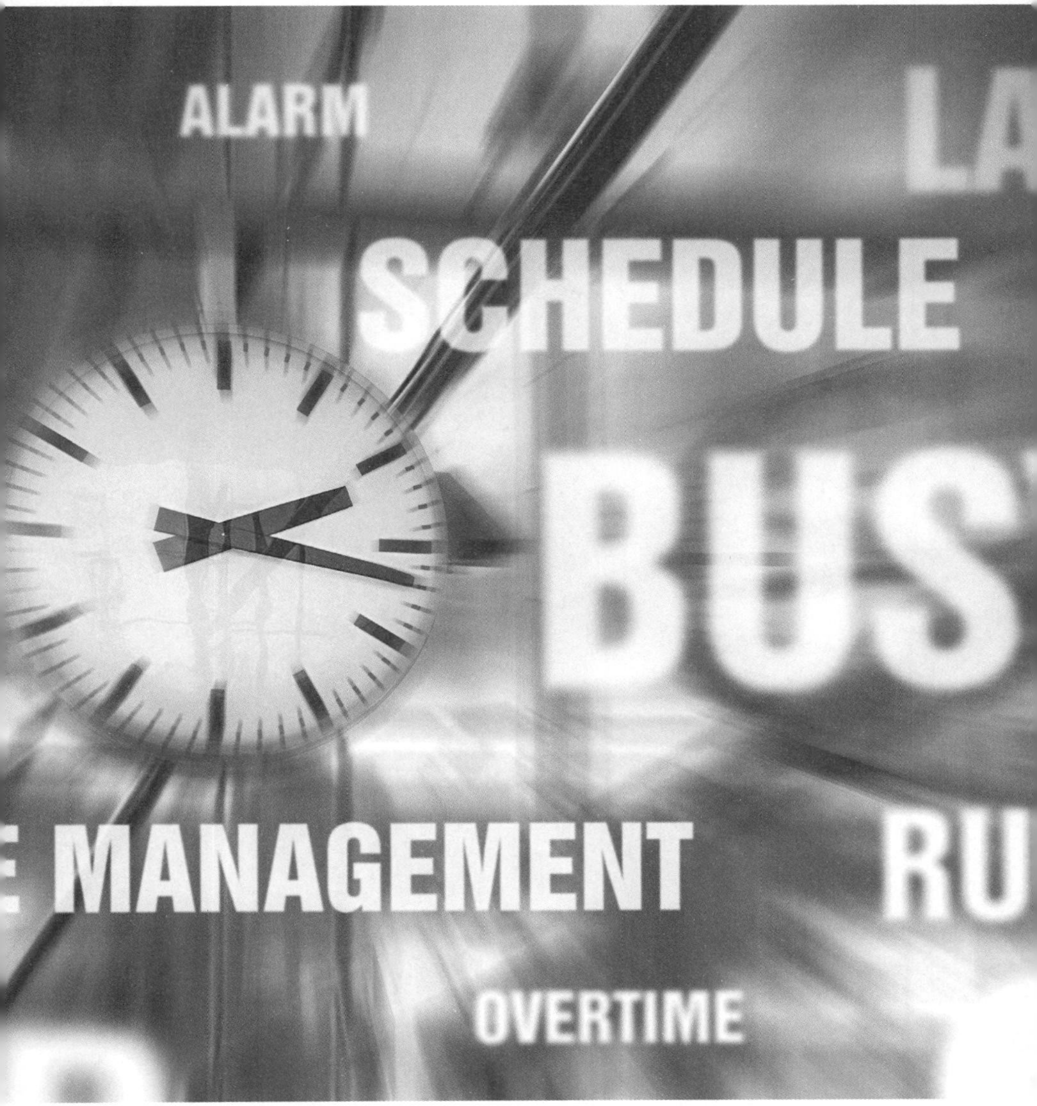
ALARM
LA
SCHEDULE
BUS
MANAGEMENT
RU
OVERTIME

Master Plan For Your Life

5장

오늘도 퇴사 훈련은 계속되어야 한다

- True Relationship
- Mind Control
- Time Management
- Cash Balance

1. 일방적으로 회사를 사랑하지 마라

> 회사가 전쟁터라고?
>
> 밀어낼 때까지 그만두지 마라.
>
> 밖은 지옥이다.
>
> – 윤태호, 『미생』

우리는 수많은 사람들과 만난다. 그 안에서 처음 보는 사람에게 이름을 묻고 다음에 하는 질문은 대부분 이렇다.

"무슨 일을 하시나요?"

나는 그럴 때마다 이렇게 대답한다.

"네, 저는 OOO기업에 다닙니다."

"네, OOO에서 일합니다."

그러면서 나는 회사와 나의 존재를 동일시한다. 결코 이게 잘못되었다고 말할 수는 없다. 다만 나는 회사 이름에 나 자신을 숨기며 나 또한 인재라고 오해를 하며 살아가는 것이다. 이에 나의 능력을 키우고, 내 자신의 가치를 높이는 일을 소홀히 하게 되었다. 회사에 의존하는 삶을 사는 것이다.

하지만 이렇게 회사에 의존하는 삶도 퇴사라는 순간을 맞이하는 순간 물거품처럼 순식간에 사라지게 될 것이다. 내 지위를 나타내는 일종의 문구에 불과하다는 것을 깨닫게 될 것이다.

우리는 우리의 명함 속에 있는 회사의 이름이나, 소속된 부서가 나 자신의 가치가 아니라는 사실을 깨달아야 한다.

마키아벨리가 말했다.

"직함이 인간을 끌어올리는 것이 아니라, 인간이 직함을 빛나게 만든다."

회사가 나를 대변하는 것이 아니라, 나의 이름만으로도 인정받을 수 있는 사람이 되도록 노력해야 한다는 것이다.

회사에만 절대적으로 의지하는 것은 더 이상 우리를 지켜주지 못한다는 것을 빨리 깨달아야 한다. '세상에서 가장 안정되어 보이는 길이 가장 위험한 길'이라고 세계적인 베스트셀러 작가 로버트 기요사키는 거듭 강조했다.

오해가 있을 수 있겠지만, 난 회사에 감사하다. 회사는 내 능력에 비해 과분한 급여와 다양한 복지 혜택을 주었다. 10년간 회사가 있었기에 나는 결혼할 수 있었고, 경제적 기반을 가질 수 있었다. 회사는 오늘의 내가 있을 수 있게 한 장본인이다.

내가 강조하는 것은 회사를 맹목적으로 사랑하지는 말라는 사실이다. 맹목적으로 사랑하다 혹여나 갑작스럽게 퇴사하게 되면 너무나 가혹한 결과를 맞이할 수 있기 때문이다.

신입 사원 시절에 만난 K부장님. 그는 임원의 꿈을 꾸고 있었다. 그는 일중독에 가깝게 회사를 사랑하며 살았다. 그는 아침에 누구보다 일찍 출근했다. 야근은 물론, 주말 출근도 하면서 미친 듯이 회사를 맹목적으로 사랑했다. 하지만 회사는 그의 사랑에 답하지 않았다. 그는 몇 번의 임원 인사에서 누락되면서 자연스레 조직에서 밀려났다. 그리고 아무런 준비 없이 퇴사했다. 그리고 그는 회사 밖의 삶을 시작했다. 몇 번 이직을 하였지만 준비가 없었기에 회사 밖의 삶에 적응하기 힘들었다. 몇 번의 프랜차이즈 창업에도 실패했다. 그리고 몇 달 전, 그가 고향으로 귀농했다는 소식을 들었다.

＊＊＊

연초가 되면 우리는 회사와 연봉 계약을 한다. 즉 우리는 회사와 계약서 한 장으로 맺어진 관계에 불과한 것이다. 하지만 우리는 내가 회사를 사랑하면, 회사도 나를 사랑해줄 것이라 오해하며 살아간다. 더 나아가 언젠가는 임원이 될 것이라는 기대감을 가진다. 즉 회사가 나를 평생 지켜줄 것이라 오해하며 생활하는 것이다.

하지만 기대가 크면 실망도 크다. 그러기에 회사에 감사하되 절대 회사를 맹목적으로 사랑해서는 안 된다. 우리는 회사 앞에서 좀 더 우리 자신을 냉정하게 바라볼 필요가 있다. 과연 나는 회사에서 성공할 수 있을까? 만약 내가 회사에서 성공할 수 없다고 판단되면, 회사 밖에서의 삶을 부지런히 준비해야 한다.

우리는 회사가 언제든 우리를 외면할 수 있다고 생각하며 회사 생활을 해야 한다.

회사를 맹목적으로 사랑하는 것이 아니라, 회사와 적당한 긴장 관계를 유지해야 한다. 그래야만 회사에 더 고마운 마음을 가지게 된다. 이에 업무 능률도 높아지고 회사 입장에서도 오히려 득이 될 것이다.

언제부턴가 나는 이러한 생각을 하면서 회사 생활을 하기 시작했다. 오히려 회사 업무에 더욱 적극적으로 임하게 되었고 효율적으로 일하는 방법을 배우게 되었다. 상사 눈치를 보기보다는 나의 소신과 의견을 과감하게 말하게 되었다. 최대한 업무 시간 안에 효율적으로 일하는 습관을 가지게 되었다. 또한 단순한 업무보다는 창의적으로 업무를 해결하고자 노력하게 되었다.

회사와 긴장감 없이 생활하게 되면, 회사 상사의 눈치를 보면서 시간 때우기 야근을 하게 된다. 주말에도 무의미하게 출근하면서 자기 자신뿐만 아니라 회사에도 득이 되지 못하게 된다. 일방적으로 회사를 사랑하지 마라. 회사와 긴장 관계를 유지하는 것이 중요하다.

퇴사를 결심한 당신을 위한 한마디

"내가 사용한 시간이 모여 내가 된다."

– 김범준, 『하루 30분의 힘』

회사에서 자투리 시간을 활용해라! 점심시간 동료들 간의 수다가 결코 나쁘다는 것은 아니다. 수다를 통해 다양한 화젯거리도 알고 좋은 정보도 얻을 수 있다. 가장 중요한 인간관계도 돈독해질 수 있다. 하지만 다만 1주일에 1번 정도는 점심시간을 온전히 나만의 시간으로 사용해보라고 말해주고 싶다. 나는 1주일에 최소 1번의 점심시간은 나를 위해 사용한다. 주로 홀로 산책을 하거나, 책을 읽는다. 이러한 시간도 쌓이면 나만의 무기가 된다.

2. 회사 밖에서 소소한 혁명을 시도하라

당신이 어떤 위험을 감수하나를 보면,

당신이 무엇을 가치있게 여기는지 알 수 있다.

– 자넷 윈터슨 (영국의 소설가)

회사 안에서 모든 답을 찾지 마라. 회사 밖에서도 답을 찾을 수 있다. 회사 업무를 대충 하라는 말은 결코 아니다. 분명 회사 안에서도 배울 것은 많다.

회사를 다니다가 끌리는 것이 있으면 반드시 시도해라. 소소해도 좋다. 여기서 가장 중요한 것은 기존의 일상을 무너뜨리지 않고, 내 삶이 지속 가능하게 유지되는 한도 내에서 소소한 자신만의 혁명을 시도해보라는 것이다. 나만의 작은 도전들이 쌓이다 보면 나만의 경쟁력이 되는 것이다.

나는 수많은 소소한 혁명을 시도했다. 회사 안에서의 내 명함은 한 장이지만, 회사 밖의 내 명함은 여러 장이다. 회사 밖에서 나는 대표님, 컨설턴트, 작가, 투자가 등 다양한 호칭으로 불린다.

회사 안에서는 내가 아무리 열심히 일해도 수입에 큰 변화가 없다. 하지만 회사 밖에서는 내가 일한 만큼 수입이 생겼다.

나는 지난 10년간 다양한 명함을 만들기 위해 수많은 도전을 했다. 때로는 성공했고 때로는 실패도 했다. 이러한 소소한 회사 밖의 자기 혁명은 나를 변화시켰다. 회사가 얼마나 고마운 존재인지 알았고 월급에 감사할 줄 알게 되었다. 회사가 전쟁터라면 회사 밖은 지옥이라는 것도 몸소 경험하게 되었다.

나는 소소한 변화를 통해 나 자신이 더욱 단단해질 수 있었다. 실패를 해보았기에 성공하는 법도 배웠다. 모든 직장인이 회사를 다닐 때 회사 밖의 삶에 대해서 고민하고 해보고 싶은 것에 도전해보라고 말하고 싶다. 글을 써봐도 좋고, 블로그를 운영해봐도 좋다. 관심 분야가 생기면 동호회에 가입하고 모임에 참석해도 좋다. 이러한 소소한 시작이 나 자신을 변화시킬 수 있다.

회사 밖에서의 소소한 도전과 자기 혁명이 퇴사 후의 삶에 큰 힘이 될 것은 너무나 분명하다.

퇴사를 결심한 당신을 위한 한마디

"답은 이미 내 안에 있습니다. 인생은 결국 나와의 한판 승부임을 알고 더욱 치열하게 자신에게서 답을 구해야만 합니다."

– 쉬지아훼이, 『나에겐 나를 지켜낼 힘이 있다』

퇴사를 언제 하는 것이 좋은지에 대한 답은 이미 본인들 스스로 알고 있다. 다만 퇴사라는 단어 앞에 자신이 없어 되묻는 것이다. 우리는 퇴사라는 단어 앞에서 솔직해질 필요가 있다. 우선 나는 진정 퇴사를 할 준비가 되어 있는지, 내 자신을 좀 더 객관적으로 바라볼 필요가 있다.

진정 퇴사를 할 준비가 되어 있는지, 내 자신을 좀 더 객관적으로 바라볼 필요가 있다.

10 주얼리 브랜드 '㈜제이마커스' 한용주 대표

평범한 회사원이 주얼리 브랜드 대표가 되다

㈜제이마커스 한용주 대표는 모 대기업 마케팅 부서에서 사회생활을 시작했다. 어렸을 적 그의 꿈은 사업가였다. 그랬기에 그는 회사 생활 중에도 언제나 마음을 다잡았다.

'내일이라도 회사를 나갈 수 있다.'

당연히 회사 업무도 자기 사업이라 생각하고 일했다. 그는 회사 다닐 때 부지런히 자신의 능력을 길러야겠다고 생각했다.

그는 사업가 역량을 쌓기 위해, 퇴근 후에 벤처캐피탈Venture Capital 전문가 교육을 수강했다. 교육을 통해 산업 이해, 투자 방법, 법률 등 실무 교육을 받을 수 있었다. 주말에는 MBA까지 다니며 경영자의 마인드를 배웠다. 그러던 중, 그는 우연한 기회에 사업 아이템으로 '주얼리' 시장을 선정하게 되었다. 회사에 다니면서 부지런히 사업 역량을 쌓아온 그였기에 퇴사 후에 부인과 함께 주얼리 사업에 본격적으로 도전하게 되었다.

현재 제이마커스는 국내는 물론 해외로 사업 영역을 확장하고 있다. 이미 중국 톈진과 베이징에 직영 매장을 오픈한 것은 물론, 현재 베트남에서도 러브콜을 받고 있다. 그럼에도 그는 아직 자신이 성공한 사업가가 아니라고 한다. 새롭게 런칭한 메시지 주얼리 브랜드 '워스워드WorthWord'로 많은 사람들에게 메시지의 가치를 심어주는 것이 그의 꿈이다. 그리고 그는 오늘도 그 꿈을 이루기 위해 노력하고 있다.

그는 회사를 다니면서 최대한 퇴사를 준비하라고 한다. 회사에서 되도록 많은 경험을 하라고 충고한다. 그리고 회사를 잘 이용하라고 한다. 회사 업무에 끌려다니지 말고 내 사업이라 생각하며 일하고, 부지런히 회사 밖에서의 삶에 적용해보라고 조언한다.

JMARKERS

3. 당신 스스로 주인이 되어 살라

가장 용감한 행동은 자신만을 생각하는 것이다.

큰 소리로.

– 가브리엘 샤넬(프랑스의 디자이너)

회사원의 삶은 뻔하다. 대기업이든, 중소기업이든 우리는 회사라는 굴레 안에 갇혀 있다. 직장인의 삶은 하루하루가 반복이다. 눈을 뜨면 직장으로 달려가야 한다. 끝나면 다시 집으로 돌아오는 게 당연한 삶이다. 이러한 삶을 반복하다가, 언젠간 회사가 더 이상 시킬 일이 없어지면, 우리는 버려질 것이 뻔하다.

내가 아는 한 직장인으로 살아가는 삶의 방법은 아래와 같이 크게 세 가지이다.

1. 워커홀릭 : 회사 임원을 위하여 시간과 건강을 희생하며 회사에 목매는 삶
2. 워라밸 : 승진에 집착하지 않고, 회사에서 최대한 오래 버티려는 삶
3. 프로퇴사러: 회사 밖의 자유를 꿈꾸며, 퇴근 후 부지런히 미래를 준비하는 삶

내가 아는 한 1, 2번 유형이 가장 많다. 정답은 없다. 선택은 각자의 몫이다. 나는 한때 1번의 삶을 꿈꾸었다. 한때는 2번의 유혹도 있었다. 1번부터 3번까지 모두 다 시도하는 사람도 있다. 다만, 현재 나의 삶의 방식은 3번이다. 나는 회사 밖의 자유를 꿈꾸고 준비하고 있다. 나는 남은 내 인생에서 나 자신이 주인이 되는 삶을 준비하고 있다. 진정 나답게 살고 싶다.

***

그렇다면 나 자신이 주인이 되는 삶을 찾기 위해서는 어떻게 해야 할까?

첫 번째, '나'에 대한 분석을 해야 한다.

즉, 내가 하고 싶은 일을 찾아봐야 한다. 그러나 나 자신이 하고 싶은 일을 찾는 건 생각보다 쉽지 않다. 특히 직장 생활이 전부라고 믿고 살아가는 사람에게는 더욱 힘들다. 결코 하루아침에 되는 일이 아니다.

혼자서 생각하기 쉽지 않다. 그렇기 때문에 부지런히 회사 밖 사람과 만남을 가져야 한다. 나와 같이 회사를 다니다가, 퇴사를 감행한 사람과의 만남도 좋은 방법일 것이다. 그들을 통해 회사 밖의 삶을 엿보는 것이다. 또한 퇴사를 꿈꾸는 사람들의 온 · 오프라인 모임에 참석해보는 것도 좋은 방법이다. 우리의 삶에서 만남이 주는 이득은 생각보다 훨씬 많다.

두 번째, 회사 밖에서 인생의 숨겨진 재미를 찾아보는 것이다.

어떤 일이 돈이 될지 안 될지는 아무도 모른다. 일단 본인이 재미있는 분야를 찾아보는 게 중요하다. 직장 생활을 하면서 취미같이 할 수 있는 것을 찾아보는 것이다. 예를 들면 블로그나 유튜브 영상 제작, 영어 과외, 스페인어 번역 등 무엇이든 상관없다. 재미는 생각보다 힘이 세다. 오래 유지하려면 결국 '재미'가 있어야 하는데, 사람들은 재미라는 요소를 생각보다 쉽게 생각한다. 재미에 의미까지 더해지면 금상첨화겠지만 일단 재미있는 분야를 공략하자.

그리고 마지막은 나에 대한 분석을 통해 재미를 찾았다면, '도전'해보는 것이다.

모든 도전이 '거창한 것'은 절대 아니다. 어떤 도전은 작고 단순해서 누군가에겐 '도전'이라는 단어 자체가 어색하게 들릴 수 있다. 또 다른 도전은 너무 크고 복잡해서 제목만으로도 꽤나 골치 아프게 느껴질 수도 있다. 하지만 크든 작든 모든 도전 자체가 소중하고 의미 있는 경험이다. 성공하든 실패하든 도전하는 과정 자체가 특별한 추억이 될 것이다.

직장인에게 가장 큰 리스크는 '아무것도 하지 않는 것'이다. 내가 스스로 주인이 되어 살기 위해서는 부지런히 월급이 나올 때 도전해야 한다. 생각은 누구나 할 수 있지만 행동은 누구나 할 수 없다. 퇴사 먼저 하고 퇴사 후에 실행해보겠다고 생각한다면 이는 잘못된 생각이다. 회사 다닐 때 부지런히 도전해봐야 한다. 퇴사 후에 실행하다 실패하면 회복이 불가능하다. 하지만 회사 다닐 때는 실패할지라도 우리에게는 소중한 월급이 있기에 회복이 가능한 것이다.

스스로 나의 주인이 되어 살기 위해서는 자신의 이름을 브랜딩 할 수 있어야 한다. 반드시 나만의 책을 써보라고 말해주고 싶다. 영혼 없는 자기 계발은 그만두어야 한다. 더 이상 시간을 낭비하지 말고, 절박함을 안고 살아가야 할 것이다.

퇴사를 결심한 당신을 위한 한마디

"짊어진 인생살이의 짐이 너무나 무겁다고 느낄 땐 잠시 걸음을 멈추고 여러분의 인생 전체를 큰 공간에 띄워놓고 멀리서 바라보세요. 아주 멀리서 바라보면 연속적인 상들이 만들어내는 한 편의 작은 영화에 불과하다는 걸 깨닫게 돼요. 이렇게 아주 멀리서 큰 눈으로 바라볼수록 마음의 공간은 어마어마하게 커져요."

– 김상운, 『직장인을 위한 왓칭 수업』

지금 삶이 힘들다고 느껴지면 반복적인 일상에 소소한 변화를 줘야 한다. 나는 변화를 위해 늘 파김치가 되어 퇴근하던 습관에서 처음으로 벗어났다. 밝은 날 창밖의 풍경은 아름다웠다. 버스에서 내려서 집까지 걸어가보았다. 신선한 공기에 나도 모르게 감성적이 되어버렸고, 내가 좋아했던 음악을 들으며 내가 살아온 길을 고민하게 되었다.

4. 퇴사 후의 삶을 위해 지금 행동해라

행운이란 준비와 기회와의 만남이다.

– 오프라 윈프리 (미국의 방송인)

고민은 누구나 한다. 하지만 행동은 아무나 못한다. 고민만 가지고는 절대 결과를 얻을 수 없다. 성공하느냐 못 하느냐의 차이는 회사를 다니면서 이러한 고민을 해결해보려고 행동했느냐 안 했느냐의 차이다. 거창하지 않아도 좋다. 실패해도 좋다. 우리에겐 매달 들어오는 소중한 월급이 있다. 생각은 누구나 하지만 실행은 누구나 못 한다.

왜 대부분의 사람들은 행동하지 못할까?

내가 생각하기에 우리가 행동하는 과정에는 총 5단계가 있다.

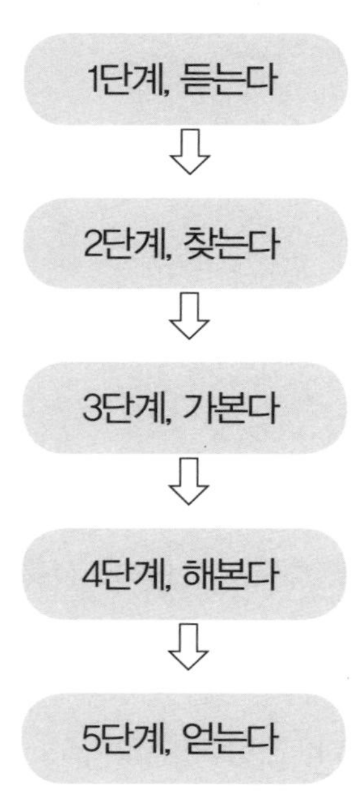

예를 들어보자. 누군가 경매로 아파트를 사서 돈을 벌었다고 치자. 그럼 대부분은 "OOO가 XXX아파트를 경매로 사서 돈을 1억 벌었대!' 하는 소식을 듣게 될 것이다. 이것이 1단계 과정이다. 이것은 누구나 할 수 있다.

그리고 2단계는 'OOO가 XXX아파트로 얼마나 돈을 벌었지?' 하고 스마트폰으로 한번 찾아보는 것이다. 대부분의 사람들은 2단계에서 멈춘다. 이것이 바로 행동하지 못하는 이유이다.

3단계까지만 가도 대단한 것이다. 3단계 '가본다'는 직접 부동산에 직접 가보거나 경매 학원에 직접 가서 경매 수업을 들어보는 것이다. 그리고 아무나 못 하는 4단계는 바로 직접 해보는 것이다. 즉 직접 경매에 도전해보는 것이다. 4단계를 도전해봐야 5단계에서 무엇인가를 얻을 수 있는 것이다.

내가 남들보다 결코 잘난 것은 없다. 다만 그들과 다른 점은 3

단계 이후를 도전해봤느냐, 안 해봤느냐의 차이다. 하지만 이러한 차이의 결과는 크다. 나는 창업을 해봤기에 창업의 득과 실을 알았다. 부동산에 직접 도전을 해봤기에 수익을 얻었다. 투고를 해봤기에 출간이라는 소중한 기회를 얻었다.

부지런히 3단계 '가본다'에 도전하라고 말하고 싶다. 때론 3단계에서 멈출 수도 있다. 때론 4단계에서 실패할 수도 있다. 때론 5단계에서 얻는 게 전혀 없을 수도 있다. 하지만 우리는 회사 밖에서 도전해야 한다. 이러한 회사 밖의 도전만이 우리의 퇴사 후의 삶을 바꿀 수 있다는 것은 자명하다.

퇴사를 결심한 당신을 위한 한마디

"꿈이 없는 자는 이상이 없다. 이상이 없는 자는 신념이 없다. 신념이 없는 자는 계획이 없다. 계획이 없는 자는 실행하지 않는다. 실행하지 않는 자는 성과가 없다. 성과가 없는 자는 행복이 없다. 그러므로 행복을 추구하는 자는 꿈이 있어야 한다."

– 이와타 마쓰오, 『결국 성공하는 사람들의 사소한 차이』

회사 안에서만 꿈을 찾으려 한다면 백전백패다. 회사 밖에서 찾아야 한다. 그리고 실행해야 한다. 성공하느냐, 못하느냐의 차이는 회사를 다니면서 이러한 고민을 해결해 보려는 행동을 했는가, 안 했는가의 차이다. 실패해도 좋다. 우리에겐 매달 들어오는 소중한 월급이 있다. 생각은 누구나 하지만 실행은 누구나 못 한다.

5. 이직할 것인가? 퇴사할 것인가?

목표를 달성할 수 있을지 마음이 불안해질 때,
단련한 대로 마음을 다스려라.
인내하지 못하면 김장감과 두려움이 생기고 낙담해 실패한다.
인내할 줄 알아야 자신감, 결단력, 합리적 시각이 생겨서
끝내 성공할 수 있다.
– 브라이언 아담스(캐나다의 가수)

최근 기사를 보면 직장인 5명 중 2명이 스스로를 '퇴준생'이라 생각하고 회사를 다닌다고 한다. '퇴준생'이란 '퇴사'와 '준비생'을 조합한 신조어로, 더 나은 회사로 이직하기 위해 퇴사를 준비하는 직장인을 뜻한다. 이들은 이미 '마음은 이미 퇴사한 상태'로 현재 구직 중이며, 이직할 기업이 정해지면 바로 퇴사할

것이라고 답했다고 한다.

직장인이라면 누구나 더 좋은 직장으로의 이직을 꿈꾸어본 적이 있을 것이다. 나 또한 그랬다. 하지만 이직을 위해서는 내가 어떻게 살고 있는지 객관적으로 돌이켜봐야 한다. 이직을 위한 자기 계발이라는 명목 하에 맹목적으로 영어, 자격증 등 소위 스펙 쌓기에만 도전하며 많은 시간을 허투루 보내는 건 아닌지 생각해봐야 한다.

좋은 직장으로 이직을 했다고 치자. 이직을 하게 되면 새로운 직장에서 적응하고 인정받기 위해서 또 다시 수많은 시간과 노력을 투입해야 한다. 누구나 좀 더 많은 연봉을 받고 싶다. 누구나 좀 더 좋은 환경에서 일하고 싶은 건 당연하다. 이직이 결코 나쁘다는 것이 아니다.

이직을 위해 너무나 많은 시간과 노력을 쏟아야 한다면 나는 이직을 추천하고 싶지 않다. 이직을 해봤자 회사 명함만 바뀔 뿐 내 인생의 명함은 그대로인 것이다. 이직을 해도 언젠가 마지막 출근 날은 온다. 따라서 나는 이직을 위해 많은 시간과 노력을 투입해야 한다면, 현재 다니는 회사를 계속 다니라고 말하고 싶다. 단, 회사를 다니며 부지런히 회사 밖의 삶을 위해 도전해야 한다는 것이다.

맹목적으로 더 좋은 회사, 더 많은 연봉을 받는 것이 나의 미래를 위한 준비라고 생각하지 말았으면 한다. 그건 직장인 모두가 매일 치르는 전쟁에 불과하다. 우리 자신은 회사가 기대하는 삶 말고, 우리 자신이 기대하는 삶을 위한 준비가 필요하다.

그렇다고 퇴사가 결코 쉽다는 말은 아니다. 많은 직장인들에게 퇴사는 막막하고 두려운 단어이다. 그것은 누구나 느끼는 것이다. 이러한 두려움을 극복할 수 있는 유일무이한 무기는 '자신만의 능력'을 키우는 것밖에 없다. 냉정하지만 현실이 그렇다. 그래서 나는 반드시 회사를 다니면서 제2의 인생을 위해 도전하라고 말해주고 싶다.

기억하자. 반드시. 사원부터 임원까지 누구에게나 마지막 출근 날은 있다는 것을.

퇴사를 결심한 당신을 위한 한마디

"평범한 사람일수록 책을 써라."

– 김태광, 『10년차 직장인 사표대신 책을 써라』

직장인에게 출간은 제2의 인생을 시작할 수 있게 해주는 든든한 자본이다. 퇴사를 준비하는 직장인이라면, 반드시 자신만의 책 쓰기에 도전해라. 책 쓰기는 최고의 자기 계발 도구이다. 평범한 직장 생활 인생을 바꿀 수 있는 기회가 되어준다. 책이 갖는 힘은 크다. 어떤 상황에서도 절대 실패하지 않는 최고의 아이템이다. 무조건 남는 장사이다. 책은 누구에게나 든든한 은퇴 자본이 되어줄 것이다. 기회를 잡을지 말지는 본인의 몫이다.

기억하자. 반드시.

사원부터 임원까지 누구에게나 마지막 출근 날은 있다는 것을.

TIP

퇴사를 준비하는 당신에게 #5

퇴사 전 회사를 다니며 할 수 있는 소소한 퇴사 훈련법 4

1. 회사 인사고과에 목숨 걸지 마라

우리나라에서 사원으로 입사해 임원으로 승진할 확률은 0.87%이다. 즉, 100명당 1명도 임원이 되기가 쉽지 않다는 것이다. 냉정하게 들릴 수 있지만, 회사에서 자신의 위치를 바라볼 필요가 있다. 만약 본인이 1명에 들어갈 수 없다고 판단되면, 과감히 직장에서의 성공에 대한 미련을 버려라. 연말에 받는 인사고과 점수에 목숨 걸지 말자. 무언가를 포기해야 무언가를 얻을 수 있다.

나도 인사고과에 목매던 시절이 있었다. 누군가가 경쟁자로 느껴지면, 그가 퇴근하기 전에는 절대 먼저 퇴근하지 않았다.

상사들과의 불편한 회식 자리가 어느덧 익숙해져버렸다. 연말에 고과 점수를 잘 못 받으면, '노력 부족'이라는 생각으로 나를 채찍질했다. 하지만 깨달았다. 회사를 다니면 다닐수록 임원이 될 수 있는 내게는 기회는 없다는 것을. 나는 밖에서의 0.87%를 찾기로 한 것이다.

우리가 연말에 받는 고과점수가 결코 우리 인생의 점수가 아니다. 직장 안에서의 성공에 대한 욕심을 버려야, 회사 밖의 삶이 보인다.

2. 회사에서 3가지 배운다는 마음으로 출근해라

회사를 돈 받는 곳이라 생각하지 말고 돈 내고 다니는 학교라 생각해라. 나는 매일 하루에 3가지를 배운다는 마음으로 출근한다. 때로는 회의 시간에 배울 수도 있다. 때로는 동료들과 대화를 하면서도 배울 수 있다. 하루에 3개씩을 배운다고 하면 1년에 780개를 얻을 수 있다. 만약 하루에 5개를 배우면 1년에

1,300개의 새로운 것을 알게 된다.

이러한 배움이 결코 거창한 것은 아니다. 자료를 만들다가 알게 된 단축키도 좋다. 점심 먹으며 동료들과 나눈 재테크 이야기도 좋다. 회의 중에 알게 된 용어나 그 날의 영어 단어 등도 좋다. 나는 이러한 것들을 메모장에 적어두고 퇴근 전에 반드시 읽어보고 퇴근하는 습관이 있다.

1. 엑셀 단축키 : Ctrl + F2인쇄 미리보기
2. P2P 금융 투자 방법
3. 마케팅 용어 : CAGRCompound annual growth rate, 연평균 증가율

이러한 배움이 쌓여 나만의 능력을 가질 수 있게 되었다. 엑셀 단축키를 배움으로써 나는 그 누구보다 빠른 문서 작업 능력을 가지게 되었다. P2P 금융 투자를 통해 나는 은행 이자보다 높은 이자율로 투자하고 있다. 마케팅 용어를 배워 나는 회사에

서 마케팅 강의를 하고 있다.

이렇듯 소소한 배움의 습관은 나를 변화시켰다. 이러한 경쟁력은 나만의 경쟁력이 되었다. 회사는 돈을 받으면서 나의 가치를 상승시켜줄 수 있는 최고의 학교라고 생각한 것이다. 회사를 통해 처세술, 인간관계 등을 배울 수 있는 것은 물론이고, 회사 밖의 삶에 대비하는 배움의 공간이 되기도 한다.

3. 직장에서의 맹목적인 자기 계발은 하지 마라

'샐러던트'라는 말이 유행하고 있다. '샐러던트'란 '샐러리맨Salaried man'과 '학생Student'을 더한 신조어이다. 즉 바쁜 일상을 쪼개어 자기 계발에 투자하는 직장인을 말한다. 직장에서 살아남기 위한 끊임없는 자기 계발이 유행처럼 번지고 있다. 퇴근 후 어학원을 다니거나 자격증에 도전하는 직장인들을 쉽게 찾아볼 수 있다. 매년 초가 되면 서점 한편의 자기 계발서 코너는 직장인들로 붐비곤 한다.

하지만 정작 직장인들은 자신이 제대로 된 자기 계발을 하고 있는지 스스로 물어볼 필요가 있다. 왜 자기 계발을 해야 하는지 궁극적인 목적을 잊은 채 '회사에서 권장해서', '안 하면 나만 뒤처질까봐'라며, 언제 잘릴지 모른다는 불안감에 사로잡혀 맹목적인 자기 계발에 매달리고 있는 것이다. '묻지 마' 식의 자기 계발은 올바르지 못하다. 내가 퇴사 후 무엇을 하며 살아갈 것인가에 대한 진지한 고민이 필요하다.

4. 회사에서 돈 받은 만큼만 일해라

결코 회사를 대충 다니라는 말이 아니다. 회사에서 분명 배우는 것도 많다. 절대 회사 일을 하지 않겠다고 생각하면 안 된다. 다만 회사를 맹목적으로 다니지 말라는 의미이다. 회사를 맹목적으로 사랑하는 것은 퇴사 후 너무나 가혹한 결과를 줄 수 있다는 사실을 강조하는 것이다.

현재 다니는 회사에서부터 자신을 돌아보는 것부터 시작해야 한다. 퇴사 준비가 되지 않아 어쩔 수 없이 회사에서 시간을 보내야 한다면 이를 시간 낭비라고 생각하지 말자. '회사에서부터 나의 꿈을 찾는다.'라는 생각으로 회사 생활에 임하자. 실제로 회사에서 배우는 것도 상당하다. 처세술, 인간관계 등 많은 것이 복합적으로 얽힌 곳이 회사다. 회사는 이 모든 것을 배울 수 있는 좋은 학교이다.

최대한 야근하지 말라. 회사를 다니다 보면 회사에 목숨 건 사람들이 많다. 이는 잘못된 일이다. 그렇다고 회사를 놀면서 다닐 수 없다. 그렇기에 딱 돈 받은 만큼만 일해야 한다. 가장 잘못된 것은 상사 눈치를 보기 위해 야근을 하는 것이다. 그 시간에 밖에서 일을 찾아라.

우선 퇴근하면 회사 일을 최대한 잊어라. 절대 회사 일을 집까지 가지고 오면 안 된다. 처음엔 나도 쉽지 않았다. 하지만 회사의 삶과 나의 삶을 동일시해버리고 나면 온전히 나를 위한 삶을 살 수가 없다.

우리는 퇴사라는 단어를 앞에 놓고 냉정하게 자신을 바라봐야 한다. 퇴사 후 한 달에 얼마를 벌 수 있는가에 대해 솔직하고 진지하게 고민하고 계산기를 두드려봐야 한다. 이건 친한 친구나 동료도 대신 고민해줄 수 있는 문제가 아니다.

"그래서? 너 퇴사 후에 스스로 얼마나 벌 수 있는데?"

이렇게 물으며 길을 모색해줄 수 있는 사람은 단 한 명도 없다. 우리 사회에서는 아직도 '돈'과 '숫자'를 언급하는 것을 금기시하는 경향이 있다. 그건 스스로에게도 마찬가지인 것 같다. 자신을 과대평가하지도 과소평가하지도 말고 아주 객관적인 시각으로 능력을 계산해보라. 당장 세상에 홀로 덩그러니 남겨졌을 때를 대비해 스스로에게 질문을 던져보라.

"나는 한 달에 200만 원을 꼬박꼬박 벌 수 있을까?"

대답이 자신 있는가?

"어쩌면 200만 원은 벌 수 있을 지도 모른다!"

이렇게 되면 안 된다.

"나는 이러이러한 경로를 통해 200만 원 이상은 확실히 벌 자신이 있다!"

라는 대답이 자연스럽게 나와야 한다.

회사를 꼬박꼬박 출근하는 것이 나의 미래를 위한 준비라고 생각하지 말았으면 한다. 그건 수백만 직장인 모두가 매일 치르는 전쟁에 불과하다. 우리는 회사가 기대하는 삶 말고, 우리 자신이 기대하는 삶을 위한 준비가 필요하다.

OUE

THE FULLERTON HOTEL

누구에게나 마지막 출근 날은 있다

나는 직장을 다닌 지 10년이 되었고, 올해 나이 마흔이 되었다.

20대, 나는 남들보다 더 좋은 회사를 들어가기 위해서 살았다. 30대, 회사에 들어와서는 회사에서의 성공을 꿈꾸며 살았다. 회사에 감사하다. 회사 덕분에 경제적으로 기반을 가질 수 있었다. 회사 덕분에 결혼을 할 수 있었다. 회사 덕분에 지금의 위치에 있을 수 있었다. 하지만 맹목적으로 회사를 사랑해서는 안 된다. 우리는 언젠가 회사와 이별을 해야 할 운명이기 때문이다.

그렇다고 아무런 준비 없이 퇴사를 실행하는 것은 결코 정답이 아니다. 하고 싶은 일을 하며 살아가야 한다는 말 또한 결코 틀리지 않다. 하지만 꿈을 이루려 회사를 무작정 그만두는 게 결코 용기 있는 행동은 아니다. 조급한 마음에 지금 회사 생활을 당장 그만둘 필요도 없다. 주위에 나와 같은 생각을 가진 동료들이 순간의 괴로움과 막연한 회사 밖 미래에 대한 동경으로 회사라는 울타리를 벗어나 실패를 겪고 다시 돌아오는 사례는 너무나 많다. 준비 없는 퇴사는 백전백패다.

우리는 오늘의 회사 생활을 시작할 때 다른 마음가짐으로 임해야 한다. 회사는 우리가 단순히 버티기 위한 공간이 아니다. 회사를 이용해야 회사 이후의 삶이 더 나아질 수 있다. 회사를 다니면서 부지런히 회사 밖의 꿈을 향해 도전해야 한다. 회사 안이 전쟁터라면 회사 밖은 지옥이다. 그렇다고 무작정 우리는 회사를 버티는 공간으로 생각해서도 안 된다.

퇴사는 누구에게나 두려운 단어이다. 이러한 두려움을 극복할 수 있는 유일무이한 무기는 '자신만의 능력'을 키우는 것밖에 없다. 냉정하지만 현실이 그렇다. 그래서 나는 반드시 회사를 다니면서 제2의 인생을 위해 도전하라고 말해주고 싶다.

나는 오늘도 회사 안에서 나를 성장시키며 언제라도 당장 행복한 퇴사를 할 수 있도록 만반의 준비를 하고 있다.

| 딸에게 보내는 글 |

딸에게 들려주는 나의 꿈 이야기

딸아, 너의 인생에서 진정한 행복을 찾아라

솔직히 고백하자면 지난 10년 동안 아빠는 회사에서 진정한 행복을 얻지 못했다. 회사에서 열심히 일하면 행복할 것이라 믿었다. 그랬기에 아침이면 누구보다 먼저 출근했고, 누구보다 늦게 퇴근했다. 직장 상사 눈치를 보며 야근과 주말 출근을 해야 했다. 때로는 하기 싫은 일이 있어도 참고 해야 했다. 좋아하지 않는 일이 있어도 좋은 척해야 했다. 지난 10년 동안 월급이라는 숫자에 얽매여 자유롭고 행복한 삶을 찾지 못했다.

딸아, 아빠는 더 이상 회사를 사랑하지 않기로 마음을 먹었다

그건 회사 일을 건성건성 하겠다거나 월급만 받으면 그만이라는 마음가짐과는 달라. 아빠는 부지런히 회사 밖의 삶을 준비하며 도전하겠다는 의미란다.

지난 10년 동안 월급에 의존한 삶을 살았기에 회사 밖의 삶이 두렵고 불안하게 느껴지는구나. 하지만 이를 극복하는 유일한 무기는 '나만의 능력'을 키우는 것밖에 없다는 걸 깨달았단다. 그랬기에 아빠는 수많은 도전을 통해 성공과 실패를 경험하는 중이란다. 이러한 작은 도전들이 쌓이다 보면 아빠만의 경쟁력이 되어줄 것이라 믿는다.

딸아, 너는 아빠처럼 월급이라는 굴레로 살아가는 직장인의 삶을 살지 말아라

네가 진정으로 자유롭고 원하는 삶을 살아라. 월급이라는 숫자에 얽매여서, 하기 싫은 일을 하면서 살지 않기를 바란다.

일에는 보람이 있어야 하고 성취가 있어야 한다. 자신이 좋아하는 일을 하면서 행복을 느끼며 살아가는 사람이 있다면, 그는 참으로 성공한 사람이라고 할 수 있단다. 행복한 사람이 되기 위해서는 여러 가지 전제 조건이 필요한데, 가장 중요한 것은 먼저 자신이 좋아하는 것이 무엇인지를 알아야 한다는 것이거든. 자신이 무엇을 좋아하는지도 모르면 행복할 수 없단다.

딸아, 네가 원하고 꿈꾸는 일이 있다면 지금 당장 도전해라

말은 누구나 하지만 행동하는 건 누구나 못 한다. 무작정 공부를 열심히 해서 좋은 대학, 좋은 회사를 들어가라는 말이 결코 아니다. 하루라도 젊었을 때 무슨 일을 할 때 행복해지는지 고민해보고 지금 당장 도전하고 실행해보거라.

나는 네가 너의 인생에서 진정한 행복을 찾기를 진심으로 바란다.

– 진로를 고민하는 딸에게 아버지가